다르게 질문했을 뿐인데 회사 생활이 쉬워졌다

心理学に基づく質問の技術
(Shinrigaku ni Motozuku Shitsumon no Gijutsu :8546-0)
ⓒ 2024 Yoshiko Oya
Original Japanese edition published by SHOEISHA Co.,Ltd.
Korean translation rights arranged with SHOEISHA Co.,Ltd.
in care of The English Agency (Japan) Ltd. through Danny Hong Agency
Korean translation copyright ⓒ 2025 Book21 Publishing Group

이 책의 한국어판 저작권은 대니홍 에이전시를 통한 저작권사와의 독점 계약으로
㈜북이십일에 있습니다. 저작권법에 의해 한국 내에서 보호를 받는 저작물이므로
무단전재와 복제를 금합니다.

다르게 질문했을 뿐인데 회사 생활이 쉬워졌다

오야 요시코 지음 | 신기중 옮김

⚠️ **삐빅!** 질문이 틀렸습니다!

21세기북스 | SE SHOEISHA

들어가며

"여러분은 버릇처럼 하는 질문이 있나요?"

커뮤니케이션 및 코칭 연수에서 이런 질문을 던지면 대부분 이렇게 대답합니다.

"버릇처럼 하는 질문이요? 생각해 본 적 없어요."

다음과 같은 반응도 적지 않지요.

"그냥 습관처럼 질문하는 거죠."

"애초에 깊이 생각하고 질문한 적이 없어요."

꼭 질문이 아니어도 자신의 습관을 스스로 깨닫기란 쉽지 않습니다. 그래서 연수를 진행할 때, 참가자들이 평소 자주 사용하는 질문에는 어떤 것이 있는지 되돌아보는 시간을 갖습니다. 그리고 이 과정을 통해 다음과 같은 질문을 버릇처럼 하는 사람들이 생각보다 많다는 사실을 발견했습니다.

- "의견 있습니까?" → 있습니까 질문
- "왜 안돼?" → 왜/어째서 질문
- "할 거야? 말 거야?" → 양자택일 질문

- "어떻게 해야만 한다고 생각해?" → 강박적 질문
- "요즘 어때요?" → 막연한 질문
- "할 생각이 있긴 해?" → 답정너 질문

물론 이러한 질문들이 무조건 잘못되었다고 보기는 어렵습니다. 질문의 옳고 그름을 따지기보다, 누구와 언제 대화하든 자신이 무의식적으로 위와 같은 질문을 하지 않는지 깨닫는 것이 중요합니다.

연수 중에 한 가지 질문을 다양한 형태로 바꿔 보는 시간을 갖기도 했는데, 막상 해 보니 생각보다 어려워 "아무 말도 떠오르지 않아 깜짝 놀랐다"라는 반응도 있었습니다.

이 책은 연수를 대신해 많은 사람이 무심코 던지는 질문과 이를 더 효과적으로 바꾼 질문을 ○× 형식으로 소개합니다. ×로 표시된 질문 가운데 '이거 내가 자주 하는 질문인데?' 싶은 항목이 있다면 ○로 표시된 질문으로 바꿔 실생활에서 활용해 보세요. 질문법 하나로 상대방의 반응이 얼마나 긍정적으로 바뀌는지 실감할 것입니다.

질문은 누구나 할 수 있을까?

질문은 기술입니다. 그리고 기술을 익히려면 정확하게 배운 다음 반복해서 사용해야 합니다. 하지만 학교에서는 읽고 쓰기는 배워도 질문하는 법은 배우지 않습니다. 기껏해야 영어 시간에 의문문 만드는 법을 배울 때 질문의 형식을 살펴보는 정도지요. 사회인이 되어서도 면접 기술이나 코칭 관련 연수를 받지 않는 이상 질문의 기술을 배울 일은 거의 없습니다.

이처럼 실용적인 질문법을 익힐 기회가 드문 이유는, 아마도 '질문 같은 건 누구든 할 수 있는 거 아니야?'라는 생각 때문일지도 모릅니다.

질문하는 방법은 어린아이들도 잘 알고 있습니다. 예를 들어, 말을 배우기 시작하는 한두 살쯤에는 사물의 이름을 알고 싶어서 "이게 뭐야?"라고 묻기 시작합니다. 그리고 세 살 정도가 되면 "왜?", "어째서?"라는 질문을 입에 달고 다니죠.

알고 싶은 것을 물어보는 경험을 쌓는 사이 어느샌가 우리는 자기 자신만의 질문 방법을 익히는지도 모르겠습니다. 이런 맥락에서 보면 "질문은 누구나 할 수 있어"라는 말이 틀렸다고 볼 수만은 없겠네요.

질문하는 데 기술이 필요할까?

하지만 자연스럽게 몸에 익었기 때문에 도리어 자신만의 질문 방법이 올바르지 않은 것일 수도 있습니다. 자기도 모르게 상대방에게 압박감을 주거나 대답하기 어려운 질문을 던지고 있을지도 모를 일이죠.

질문을 '기술'로 배우는 것은, 지금까지 익혀 온 질문 방식을 되돌아보고, 더 효과적이고 인상에 남는 질문법을 익히는 기회가 됩니다.

이 책에서 소개하는 질문의 기술은 심리학에 기초를 두고 있습니다. 심리학 지식이 일상 속 의사소통에 도움이 된다는 사실은 익히 알려져 있죠. 이는 질문할 때도 마찬가지입니다.

깊이 생각하지 않고 내뱉은 질문과 심리학을 바탕으로 한 질문 사이에는 끌어내는 정보의 양과 질뿐만 아니라 대화 상대에게 주는 영향력과 인상에도 커다란 차이가 있습니다. 이 차이를 더 쉽게 떠올릴 수 있도록 이 책에서는 질문 예시와 답변 예시를 함께 설명했습니다.

읽으면서 '상대가 이런 반응을 보이면 좋을 텐데', '면접에서 이런 식으로 문답을 주고받고 싶어'라고 생각되는 질문이 있다면 바로 실전에서 사용해 보세요.

처음에는 몸에 맞지 않는 옷처럼 느껴지겠지만, 꾸준히 쓰다 보면 자연스럽게 내 것이 됩니다. 실제로 활용해 보고 조금 어색한 느낌을 받은 질문은 여러분만의 말투나 어조, 상황에 맞게 조금씩 바꿔서 다시 한번 시도해 보세요. 이 과정을 반복하다 보면 완벽히 몸에 익은 질문의 수가 늘어나고, 동시에 질문하는 힘이 놀랄 만큼 좋아졌다는 사실을 체감하게 될 것입니다.

질문의 여섯 가지 힘

우리는 흔히 질문을 의문을 해결하거나 정보를 얻기 위한 수단이라고 생각합니다. 하지만 질문이 가진 힘은 이뿐만이 아닙니다. 질문을 능숙하게 활용하면 의사소통과 인간관계에 어떤 변화가 일어날까요?

① 정보를 수집하는 힘
② 사실을 확인하는 힘
③ 인간관계를 맺는 힘
④ 대화를 풍성하게 만드는 힘
⑤ 사고력을 키우는 힘
⑥ 깨달음을 얻는 힘

이제 이 여섯 가지 힘에 관해 구체적인 대화 예시와 함께 설명하고자 합니다. 일상 속 대화, 업무 면접, 면담 및 회의, 부하 직원이나 후배의 지도 등 다양한 상황에서 각 질문이 어떤 효과를 발휘할 수 있는지 살펴보도록 하겠습니다.

① 정보를 수집하는 힘

질문 예시 그 자료는 어디서 구했어요?
답변 예시 홈페이지에서 다운로드 받았어요.

질문에는 상대방에게서 정보를 얻어 내는 힘이 있습니다. 새로운 사실을 알아내고자 할 때는 그것을 아는 사람에게 질문하면 원하는 답과 정보를 얻을 수 있습니다.

질문 예시 당신이 제일 소중하게 생각하는 것은 무엇인가요?
답변 예시 저는 ○○을 가장 중요하게 생각합니다.

인간관계에서도 위와 같은 질문을 통해 상대방이 자신을 드러낼 수 있도록 돕고, 동시에 질문하는 사람은 상대방을 더 깊이 이해할 수 있습니다. 특히 상대방의 생각은 질문하고 답을 들어야만 알 수 있습니다.

\ 질문으로 얻을 수 있는 효과 /
- 궁금한 점을 해소할 수 있다.
- 원하는 정보를 얻을 수 있다.
- 상대방에 관해 더 깊이 알 수 있다.

② 사실을 확인하는 힘

> **질문 예시** 그럼, ○○으로 괜찮으시죠?
> **답변 예시** 네.

상대방에게 무언가를 확인하고자 할 때도 질문은 유용한 도구가 됩니다. 자기 생각을 분명하게 밝히지 않는 상대에게는 '예', '아니오'로 답할 수 있는 질문을 던져 상대방의 의사를 분명하게 확인할 수 있습니다.

> **질문 예시** 지금까지 설명해 드린 내용 중에서 다시 확인하고 싶은 것이 있나요?
> **답변 예시** 아니요, 지금까진 괜찮습니다.

무언가 설명한 뒤에 위와 같이 질문하면 상대방이 이해하지 못한 부분이 있는지 확인할 수 있습니다. 내가 아무리 제대로 설명했다고 할지라도 설명이 정확히 전달되었는지는 상대방에게 확인하기 전까진 알 방법이 없습니다.

\ **질문으로 얻을 수 있는 효과** /

- 상대방의 의사를 확인할 수 있다.
- 상대방이 궁금한 점이 있는지 파악할 수 있다.

③ 인간관계를 맺는 힘

질문은 상대방과 좋은 관계를 맺는 데에도 힘을 발휘합니다. 질문이 곧 '네 이야기를 좀 더 듣고 싶어'라는 관심의 표현이기 때문이지요.

> (질문 예시) 그다음엔 어떻게 됐나요?
> (답변 예시) 어떻게든 기한을 지키려고 다 함께 노력했어요.
> (질문 예시) 다 함께라면 팀원 모두를 말하는 건가요?
> (답변 예시) 맞아요. 팀 전원이 열심히 노력했습니다.

이처럼 적절하게 질문을 던지며 대화를 이어 나가면 상대방은 편안함을 느낍니다. 자연스럽게 활발한 소통이 이루어지고 마음의 거리가 줄어들어 좋은 관계를 형성할 수 있죠.

더불어 상대의 말을 정확히 이해하고자 질문하면 경청한다는 인상을 주므로 상대에게 신뢰감을 줍니다.

\ 질문으로 얻을 수 있는 효과 /
- 소통이 활발해진다.
- 신뢰 관계가 형성된다.
- 좋은 관계를 형성할 수 있다.

④ 대화를 풍부하게 만드는 힘

질문에는 대화를 풍부하게 만드는 힘이 있습니다. 이야깃거리가 금세 떨어지거나 대화를 재미있게 이끌지 못하는 사람은 흔히 자신의 대화 기술이 부족해서라고 생각하곤 합니다. 하지만 대화를 두려워하는 마음은 질문의 힘으로 극복할 수 있습니다.

> **질문 예시** 요즘 당신의 관심사는 무엇인가요?
> **답변 예시** 모형 수집이요. 종류가 많아서 조금 힘드네요.
> **질문 예시** 종류가 많아요? 얼마나 많은데요?
> **답변 예시** 무려 100가지가 넘어요!

이처럼 상대방의 말을 질문으로 자연스럽게 끌어내며 이야기하면 화젯거리를 고민할 필요 없이 편안하게 대화를 이어 나갈 수 있습니다.

또한 상대방의 이야기에 맞춰 육하원칙(5W1H)에 따라 질문하거나 조금 더 자세히 물어보면 저절로 대화 분위기가 좋아지고 상대방의 만족도도 올라갑니다.

＼ 질문으로 얻을 수 있는 효과 ／

- 이야깃거리를 고민할 필요가 없다.
- 대화가 자연스럽게 이어지고 분위기가 좋아진다.
- 대화 상대의 만족도를 높이는 대화를 할 수 있다.

⑤ 사고력을 키우는 힘

질문을 받으면 누구든 대답하고 싶어지기 마련입니다. 책을 읽다가 "요즘 스트레스를 받나요?"라는 질문과 마주했을 때, 자기도 모르게 "네, 아주 많아요"라며 혼잣말하듯 답하는 일도 있지요. 입 밖으로 말을 꺼내지 않았다 하더라도 '딱히 신경 쓴 적은 없는데, 혹시 스트레스를 받고 있나?'라며 머릿속으로 고민하기 시작합니다.

이처럼 질문 하나가 전에는 의식하지 못했던 것에 관해 고민하는 계기를 마련해 주기도 합니다. 또 질문을 적절하게 이어 가다 보면 사고의 폭을 넓히고 깊이를 더할 수도 있습니다. 이러한 질문의 힘을 활용한 인재 육성 방법이 코칭coaching입니다.

> **질문 예시** A 님이라면 어떻게 하시겠어요?
> **답변 예시** 음, 저라면 원래 방법대로 할 것 같아요.

코칭은 위와 같이 사고를 자극하는 질문을 던져 스스로 답을 찾도록 도와줍니다.

＼ 질문으로 얻을 수 있는 효과 ／

- 생각할 계기를 마련할 수 있다.
- 사고의 폭과 깊이를 더할 수 있다.
- 스스로 답을 찾아가는 데 도움이 된다.

⑥ 깨달음을 얻는 힘

질문에는 상대방에게 깨달음을 주는 힘도 있습니다. 깨달음이란 '아, 이거다!'처럼 직관적으로 깨닫거나, '아, 그렇게 된 거구나!'와 같이 비로소 이해하여 무언가를 깨달은 상태를 의미합니다. 이제껏 생각하지 못했고 관심조차 없었던 것을 새로이 알게 되면 시야가 넓어지고 참신한 발상이 떠오릅니다. 이를 통해 자신의 새로운 모습을 발견하기도 하죠.

> **질문 예시** 성공했을 때, 평소와 무엇이 달랐던 것 같나요?
> **답변 예시** 음…, 아! ○○해서 성공한 것 같아요.

이처럼 스스로 깨달은 것은 다른 사람에게 배운 것보다 더 깊이 이해할 수 있습니다. 더불어 깨달음의 순간에는 놀라움과 기쁨, 성취감도 뒤따르지요. 그렇기에 자신의 힘으로 깨달은 바는 기억에 뚜렷이 남아 사고방식과 행동에 커다란 영향을 줍니다.

\ **질문으로 얻을 수 있는 효과** /

- 시야가 넓어지고 참신한 발상이 가능해진다.
- 자신의 새로운 모습을 발견하는 기회를 얻을 수 있다.
- 질문으로 얻은 깨달음은 사고방식과 행동에 영향을 준다.

이 책의 활용법

이 책은 마음 가는 대로 아무 페이지부터 읽어도 좋습니다만, 더 효과적으로 활용할 수 있는 세 가지 방법을 소개하고자 합니다.

활용법 ① 처음부터 끝까지 차근차근 읽기

질문의 기술을 기본부터 착실히 배우려는 사람에게 가장 추천하는 방법입니다. 처음부터 차근차근 순서대로 읽다 보면 질문의 기술을 확실하게 익힐 수 있습니다.

- Chapter 1) 버릇처럼 사용하는 질문을 되돌아보고, 보다 적절하고 좋은 인상을 주는 질문으로 바꾸는 것부터 시작합니다.
- Chapter 2) 기본적인 질문 유형을 다듬고 발전시킵니다.
- Chapter 3) 심리 상담과 심리 요법에서 사용하는 질문 기법을 응용한 기술적인 질문으로 질문 능력을 한층 더 끌어올립니다.

`Chapter 4` 소통이 원활해지는 질문을 12가지 상황에 맞추어 총정리합니다.

`Chapter 5` 질문할 때 마음에 새겨야 할 7가지 핵심을 확인합니다.

활용법 ② 목차 활용하기

효과를 빠르게 체감하고 싶은 사람에게는 목차를 활용하는 방법을 추천합니다. 이 책의 목차에는 소제목과 잘못된 질문, 즉 X 질문이 함께 실려 있습니다 '어? 이게 잘못된 거였어?'라는 생각이 드는 질문, '이걸 어떻게 바꿔야 하지?'처럼 궁금해지는 질문이 있다면 해당 페이지를 펼쳐 바람직한 질문(O 질문)을 확인해 보세요. 그리고 실천하세요. 일상 대화에서 바로 활용해 보며 올바르게 바꾼 질문의 효과를 느끼길 바랍니다.

활용법 ③ 키워드로 골라 읽기

질문이 가진 힘 가운데 특히 관심 가는 부분이 있다면, 다음을 참고하여 각 소제목 위에 달아 놓은 키워드를 활용해 보길 바랍니다.

QUESTION 02 | 괜찮은 거죠? ②

여섯 가지 키워드: 정보수집 확인 인간관계 대화 사고 인식

바쁜 사람에게 배려의 말을 건네고 싶을 때

1장에서 4장까지는 어떤 질문의 힘을 다루었는지 한눈에 알아볼 수 있도록 소제목마다 키워드를 달았습니다. 예를 들어, [인간관계] 키워드가 붙은 내용을 골라 읽으면 좋은 인간관계를 맺는 데 도움이 되는 질문을 효율적으로 배울 수 있습니다.

차례

들어가며 4
이 책의 활용법 15

Chapter 1
이것부터 시작하자! 버릇처럼 하는 질문 고치기

"괜찮은 거죠?"

QUESTION
01 | 걱정되는 사항을 확인하고 싶을 때 ❌ 〔준비는 잘되고 있죠? 괜찮은 거죠?〕 26
02 | 바쁜 사람에게 배려의 말을 건네고 싶을 때 ❌ 〔힘들어 보이는데, 괜찮아요?〕 28

"○○이 있나요?"

03 | 상대가 이해하지 못한 내용은 없는지 확인하고 싶을 때 ❌ 〔질문 있나요?〕 30
04 | 문제는 없는지 확인하고 싶을 때 ❌ 〔무슨 문제라도 있나요?〕 32

"잘 ○○했나요?"

05 | 알맞게 대처했는지 확인하고 싶을 때 ❌ 〔거래처에 잘 설명했습니까?〕 34
06 | 도전한 보람이 있는지 묻고 싶을 때 ❌ 〔잘했어?〕 36

"이해했죠?"

07 | 상대가 잘 이해했는지 확인하고 싶을 때 ❌ 〔여기까지 이해하셨나요?〕 38
08 | 내 말이 잘 전달되었는지 알고 싶을 때 ❌ 〔무슨 말인지 아시겠어요?〕 40

"열심히 하고 있죠?"

09 | 업무 관련 화제를 꺼낼 때 ❌ 〔일 열심히 하고 있죠?〕 42
10 | 공부 관련 화제를 꺼낼 때 ❌ 〔공부 열심히 하고 있지?〕 44

"할 거예요? 말 거예요?"

11 | 의사를 묻고 싶을 때 ❌ 〔할 거야? 말 거야? 어느 쪽이야?〕 46
12 | 의견을 듣고 싶을 때 ❌ 〔찬성이야? 반대야?〕 48

"어떻게 해야만 한다고 생각해요?"

13 | 개인 의견을 듣고 싶을 때 ❌ 〔어떻게 해야만 한다고 생각해요?〕 50
14 | 상대방이 자신의 행동을 돌아보길 바랄 때 ❌ 〔무엇을 해야만 했을까?〕 52

"왜?", "어째서?"

QUESTION
15 | 실수의 이유를 물을 때 ❌ 〈왜 실수한 거죠?〉 54
16 | 행동의 이유를 물을 때 ❌ 〈왜 그런 걸 한 거야?〉 56

  유용한 질문 모음 ①) 원인 · 이유를 묻는 질문 58

답정너 질문

17 | 의욕이 있는지 알고 싶을 때 ❌ 〈할 생각이 있습니까?〉 60
18 | 일 처리가 느린 사람과 대화할 때 ❌ 〈대체 언제까지 하고 있을 거죠?〉 62

Chapter 2
반드시 알아야 할 기본 질문

닫힌 질문

19 | 인사로 긴장을 풀고 싶을 때 ❌ 〈안녕하세요?〉 66
20 | 잡담을 나누는데 화젯거리가 없어 곤란할 때
　　　　　　　　　❌ 〈그러고 보니 요즘 너무 바빠서 좀 힘드네요.〉 68

선택지를 제시하는 닫힌 질문

21 | 매끄럽게 대화를 이어 가고자 할 때 ❌ 〈다음 면담은 어떻게 할까요?〉 70
22 | 상대방이 원하는 바를 신속히 알아내고자 할 때 ❌ 〈뭐 마실래?〉 72

열린 질문

23 | 이야기에 관심을 표현하고 싶을 때 ❌ 〈아, 그래요?〉 74

  유용한 질문 모음 ②) 육하원칙을 활용한 열린 질문 76

24 | 감상을 듣고 싶을 때 ❌ 〈재밌었어?〉 78

전제가 달린 열린 질문

25 | 근황을 물을 때 ❌ 〈요즘 어때요?〉 80
26 | 목표를 물을 때 ❌ 〈당신의 목표는 무엇인가요?〉 82

긍정형 질문

27 | 기한을 지키기 어려울 것 같다는 보고를 받았을 때 ❌ 〈왜 기한을 못 지키는 거죠?〉 84
28 | 상대방이 "설명을 잘 못 알아듣겠어요"라고 말했을 때 ❌ 〈뭘 모르겠다는 거죠?〉 86

  유용한 질문 모음 ③) 긍정형 질문 88

미래 지향형 질문

29 | 사후 보고를 받았을 때 ❌ 〔왜 좀 더 빨리 보고하지 않은 거죠?〕 … 90
30 | 계획대로 진행되지 않을 때 ❌ 〔지금까지 뭘 한 거죠?〕 … 92

〔유용한 질문 모음 ④〕 미래 지향형 질문 … 94

Chapter 3
바로 활용할 수 있는 질문의 기술

척도 질문

31 | 얼마나 자신 있는지 알고 싶을 때 ❌ 〔얼마나 자신 있나요?〕 … 98
32 | 진행 상황을 확인하고 싶을 때 ❌ 〔얼마나 했나요?〕 … 100

〔유용한 질문 모음 ⑤〕 척도 질문 … 102

상황 가정 질문

33 | 아이디어를 구할 때 ❌ 〔좋은 아이디어 없나요?〕 … 104
34 | 무엇을 하고 싶은지 물을 때 ❌ 〔무엇을 하고 싶으세요?〕 … 106

청크 다운 질문

35 | 상대방의 말에서 추상적인 부분을 구체화하고 싶을 때
　　　　　　　　❌ 〔소통이 안 된다는 말은 소통이 부족하다는 뜻인가요?〕 108
36 | 망설이다가 행동하지 못하는 사람을 응원하고 싶을 때
　　　　　　　　❌ 〔아무것도 안 하면 그 무엇도 시작되지 않아.〕 110

〔유용한 질문 모음 ⑥〕 구체화를 위한 청크 다운 질문 … 112

예외 질문

37 | 싫어하는 행동을 상대가 반복할 때 ❌ 〔왜 항상 늦는 거죠?〕 … 114
38 | 대중 앞에 서길 두려워하는 사람을 상담할 때
　　　　　　　　❌ 〔사람들 앞에 서면 쉽게 긴장하는 편인가요?〕 116

대처 질문

39 | 힘든 일을 겪은 이에게 말을 건넬 때 ❌ 〔그런 일이 있었구나, 많이 힘드셨죠?〕 … 118
40 | 상대의 의욕을 북돋아 주고 싶을 때 ❌ 〔당신도 할 수 있어요!〕 … 120

〔유용한 질문 모음 ⑦〕 자기 효능감을 높이는 질문 … 122
〔유용한 질문 모음 ⑧〕 대처 질문 … 123

객관화하는 질문

41 | 상대가 다각적으로 생각하길 바랄 때 ❌ (A 님이라면 어떻게 하시겠어요?) 124

42 | 상대가 객관적으로 자신을 관찰하길 바랄 때
  ❌ (지금 자신의 모습을 어떻게 생각하나요?) 126

(유용한 질문 모음 ⑨) 객관화하는 질문 128

메타포 질문

43 | 알아듣게 설명해 주길 바랄 때
  ❌ (그 자리의 분위기가 좋지 않았다고 했잖아. 정확히 어떻게 안 좋았다는 거야?) 130

44 | 상대방과 이미지를 공유하고 싶을 때 ❌ (그 담당자, 어떤 느낌이었어요?) 132

리프레이밍 질문

45 | 자기 자신을 부정적으로 평가하는 사람에게 말을 건넬 때 ❌ (그렇지 않아요.) 134

46 | 뜻밖의 사건도 교훈으로 삼기를 바랄 때 ❌ (그 경험을 통해 많이 배웠죠?) 136

(유용한 질문 모음 ⑩) 리프레이밍 질문 138

Chapter 4
소통이 원활해지는 12가지 질문법

가르치지 않고 깨닫게 하는 방법

01 | 힌트를 주는 질문하기 ❌ (이대로는 안 돼.) 140

상대가 받아들이기 좋은 지시 방법

02 | 요청형으로 지시하기 ❌ (절대로 혼자 판단하지 마세요.) 142

효과적인 조언 방법

03 | 선택지와 발문으로 조언하기 ❌ (그럴 때는 딱 잘라 거절해야 해.) 144

상호 존중에 기초한 자기표현, 어서션

04 | 이야기하도록 질문하기 ❌ (그건 좀 어렵습니다. 이해해 주실 수 없을까요?) 146

상대방이 불편하지 않게 부탁하는 방법

05 | 말끝이 움츠러든다면 질문하기 ❌ (이것 좀 부탁드리고 싶은데요…….) 148

쌍방향 피드백

06 | 행동의 의도가 무엇인지 묻기 ❌ (그런 행동은 당장이라도 고치는 게 좋겠어요.) 150

의욕에 불을 지피는 방법

METHOD 07 | 마음이 움직이는 질문하기 ❌ ⟨ 이왕에 시작한 일이니까 끝까지 힘내세요. ⟩ ········ 152

자존감에 영향을 주는 인정

08 | 배우려는 자세로 질문하기 ❌ ⟨ 대단하네요 ⟩ ········ 154

　　(유용한 질문 모음 ⑪) 내발적 동기 부여를 불러일으키는 질문 ········ 156
　　(유용한 질문 모음 ⑫) 인정하는 질문 ········ 157

무의식적 편견 방지 대책

09 | 질문으로 오해 방지하기 ❌ ⟨ 그런 말을 들으면 누구든 화가 날 것 같아. ⟩ ········ 158

최적의 답을 끌어내는 논리적 귀결

10 | 질문으로 의사결정 돕기 ❌ ⟨ A 사와 B 사 중에 선택해야 한다면 무조건 A 사지. ⟩ ········ 160

　　(유용한 질문 모음 ⑬) 의사결정을 돕는 질문 ········ 162

성장을 돕는 성찰

11 | 자기 자신을 되돌아보도록 질문하기
　　　　　　　　❌ ⟨ 다음에는 같은 실수를 반복하지 않도록 해 주세요. ⟩ ········ 164

나 자신에게 던지는 질문의 잠재력

12 | 나 자신에게 던지는 질문으로 생각의 방향 정하기
　　　　　　　　❌ ⟨ 왜 경험도 없는 나한테 이런 일을 시키는 걸까? ⟩ ········ 166

Chapter 5
질문력을 키우는 7가지 핵심 비법

POINT
01 | 한 번에 한 개씩 질문하기 ········ 170
02 | 짧고 간단하게 질문하기 ········ 172
03 | 자세히 질문하기 ········ 174
04 | 대답하고 싶어지도록 한마디 덧붙이기 ········ 176
05 | 예비지식으로 레벨 업 ········ 178
06 | 상대에게 생각할 시간 주기 ········ 180
07 | 질문했다면 경청하기 ········ 182

　　듣기 태도 점검표 ········ 184
　　듣는 태도별 주의점과 개선 방법 ········ 186
　　마치며 ········ 190

심리학 키워드

오전제 암시 ··· 47	객관화와 주관화 ··· 125
강박 사고 ··· 53	메타포 ··· 131
답정너 질문 ··· 61	리프레이밍 ··· 135
닫힌 질문 ··· 67	발문 ··· 145
양자택일 질문 ··· 71	어서션 ··· 147
지정 질문과 확장 질문 ··· 73	긍정형 피드백 ··· 151
열린 질문 ··· 75	내발적 동기 부여 ··· 153
긍정형 질문과 부정형 질문 ··· 85	인정 ··· 155
미래 지향형 질문 ··· 91	무의식적 편견 ··· 159
과거 지향형 질문 ··· 93	논리적 귀결 ··· 161
척도 질문 ··· 99	성찰 ··· 165
청크 다운 질문 ··· 109	나 자신에게 던지는 질문 ··· 167
예외 질문 ··· 115	이중 질문 ··· 171
해결 지향형 접근법 ··· 117	선입견과 확증 편향 ··· 179
대처 질문 ··· 119	블로킹 ··· 185

Chapter 1

이것부터 시작하자!
버릇처럼 하는 질문 고치기

일상 속 대화에서 자주 사용하는 질문 중에는
상대방이 압박감을 느끼는 질문과
대답하기 곤란한 질문이 의외로 많습니다.
자기도 모르게 그런 질문을 하지는 않나요?
버릇처럼 사용하는 표현이 있다면 좋은 인상을 주는
질문으로 고치는 것부터 시작해 봅시다.

QUESTION 01 | 정보수집 확인 인간관계 대화 사고 인식

괜찮은 거죠? ①

걱정되는 사항을 확인하고 싶을 때

준비는 잘되고 있죠?
괜찮은 거죠?

네, 괜찮습니다.

준비는 어느 정도까지 진행되었나요?

이제 최종 확인만 남았습니다.

알고자 하는 바를 확실히 밝히기

"준비는 잘되고 있죠? 괜찮은 거죠?"라는 질문은 무엇을 알고 싶은지 명확하지 않습니다. 예정대로 막힘없이 준비되고 있는지를 확인하고 싶은 건지, 아니면 문제나 어려움이 있는지를 알고 싶은 건지 질문의 의도가 분명하지 않지요. 막연한 질문에는 막연한 대답이 돌아오기 마련입니다. "괜찮은 거죠?"라고 물어 "네, 괜찮습니다"라는 답이 돌아와도 그 대답에 담긴 의미는 명료하지 않습니다.

이럴 때는 "어디까지 준비됐어요?", "어느 정도까지 진행되었나요?"처럼 알고 싶은 바를 구체적으로 확실하게 물어보세요. 무엇을 알고자 하는지 명확히 밝히면 자연스레 자세한 대답이 돌아올 것입니다.

> **좀 더 자세히!**
>
> **"괜찮은 거죠?"라는 질문이 주는 압박**
>
> "얼마나 진행됐나요?"라고 묻기보다 "괜찮은 거죠?"라고 묻는 편이 덜 부담스럽고 편하다고 생각할지도 모르겠습니다. 하지만 "괜찮은 거죠?"라는 질문은 '당연히 괜찮아야지', '예정대로 진행 중이겠지?'라는 기대나 압박감을 주는 말로 들릴 수 있습니다. 그래서 실제로는 전혀 괜찮지 않은 상황인데도 불구하고 상대방은 "네, 괜찮습니다"라고 대답하기도 합니다.

QUESTION 02

`정보수집` `확인` `인간관계` `대화` `사고` `인식`

괜찮은 거죠? ②

바쁜 사람에게 배려의 말을 건네고 싶을 때

힘들어 보이는데, 괜찮아요?

네, 괜찮습니다…….

힘들어 보이는데,
이 일은 제가 할까요?

고맙습니다. 덕분에 살았네요.

할 수 있는 일이 무엇인지 고민하고 제안하기

"힘들어 보이는데, 괜찮아요?"라는 질문에 자기도 모르게 "괜찮습니다"라고 대답하는 사람이 적지 않습니다. 관계에 따라 다르겠지만 괜찮냐고 말을 건네준 사람에게 괜찮지 않다고 답하기는 쉽지 않지요. 매우 힘들지만, 걱정도 민폐도 끼치고 싶지 않아서 괜찮은 척 태연하게 행동하고 맙니다.

그럴 때는 "이 일은 제가 할까요?"라고 제안해 보면 어떨까요. 상대의 부담을 조금이라도 덜어 줄 수 있도록 내가 무엇을 할 수 있는지 고민해 본 다음 말을 건네는 것이지요.

다양한 방식으로 이야기 건네기

상대방이 정신없이 바빠 보일 때뿐만 아니라 곤란한 상황에 놓였을 때, 몸이 안 좋아 보일 때, 고민을 안고 있는 듯할 때도 자기도 모르게 "괜찮아요?"라고 묻게 됩니다.
하지만 걱정되는 마음에 하는 말이라고 해도 매번 똑같이 묻는다면 성의가 느껴지지 않겠지요. 그런 사람에게는 "괜찮아요?"보다는 "무슨 일 있어요? 괜찮다면 얘기해 줄래요?"라는 말이 더 와닿을 것입니다.

 **QUESTION 03** 〈정보수집〉〈확인〉〈인간관계〉〈대화〉〈사고〉〈인식〉

○○이 있나요? ①

상대가 이해하지 못한 내용은 없는지 확인하고 싶을 때

✕ 질문 있나요?

아니요, 딱히 없습니다.

○ 잘 이해되지 않는 내용이 있으면 말씀해 주세요.

아, 대단한 건 아닌데요. 이 자료에 나오는 번호가 무엇을 의미하나요?

발언의 문턱 낮추기

"질문 있나요?" 이 질문은 무언가를 전달하거나 설명한 뒤에 주로 하는 말입니다. 질문이 있는지 여부를 "네" 또는 "아니요"로 답하도록 요구하는 간편한 방법이지만, "아니요"나 "딱히 없습니다"라는 대답이 돌아온다면 주의가 필요합니다.

왜냐하면 "아니요"라고 답한 사람 중에는 내용을 완전히 이해한 사람뿐만 아니라, 무엇을 이해했고 무엇을 이해하지 못했는지조차 정리되지 않은 사람도 있기 때문입니다. 머릿속이 너무 복잡해서 어떤 질문을 해야 좋을지 모르는 상태지요.

이럴 때는 무엇이든 마음 편히 이야기할 수 있도록 이렇게 말을 건네 보세요. "잘 이해되지 않는 내용이 있으면 말씀해 주세요." 보통 질문은 말끝에 물음표를 붙여야만 한다고 생각하기 쉽지만 "알려 주세요", "말씀해 주세요" 등과 같이 물음표가 없는 말로도 질문과 다름없는 효과를 기대할 수 있습니다.

정보수집 확인 인간관계 대화 사고 인식

○○이 있나요? ②

문제는 없는지 확인하고 싶을 때

무슨 문제라도 있나요?

아뇨, 특별히……
(문제라고 할 정도는 아니니까).

무슨 일이 있나요?

실은 거래처에서 아직 회신을
주지 않아서 조금 신경이 쓰여요.

잘잘못 따지지 않기

"○○이 있나요?"라는 형태의 질문은 무언가가 있는지 없는지 분명하게 밝히고자 할 때 사용합니다. 그렇기에 잘잘못을 따지는 일에 서툰 사람 또는 옳고 그름을 판단하기 어려운 상황에 놓인 사람은 명확한 대답을 내놓기 곤란할 때가 있습니다. 특히 "무슨 문제라도 있나요?"라는 질문을 받으면 '문제'라는 표현 자체가 큰일처럼 느껴져 "아뇨, 특별히……" 하고 얼버무리는 경우도 적지 않습니다.

이럴 때는 문제의 유무를 묻기보다는 상대방이 자유롭게 대답하도록 "무슨 일이 있나요?"라고 질문해 봅시다. 마음 편히 답할 수 있게 "마음에 걸리는 일이 있으면 알려 주세요"처럼 부드럽게 표현하는 것도 좋은 방법입니다.

좀 더 자세히!

"○○할 생각이 있는 건가요?"

이 질문은 상대방의 의사를 확인하고 싶을 때 사용합니다. 하지만 어떻게 사용하느냐에 따라 상대방을 압박하는 말처럼 들리기도 합니다.

예를 들어, "왜 항상 안 하는 거죠? 할 생각이 있는 건가요?"라고 질문하면 "아닙니다, 제대로 할 겁니다"라고 대답할 수밖에 없는 분위기가 만들어집니다. 있느냐 없느냐를 따지기보다는 "어떻게 하고 싶으세요?"라고 묻는 편이 자기 생각을 끌어내기에 좋습니다.

 **05** 　정보수집　확인　인간관계　대화　사고　인식

잘 ○○했나요? ①

알맞게 대처했는지 확인하고 싶을 때

 거래처에 잘 설명했습니까?

네, 일단은요…….

 거래처에 어떻게 설명했습니까?

자료 건네주고 하나씩 차근차근 설명했습니다. 끝으로 이해되지 않는 내용이 없는지도 확인했습니다.

잘이란 어떤 상태인가

"잘 설명했습니까?" 이 질문은 별 의미가 없습니다. 왜냐하면 **잘**이 어떤 상태를 뜻하는지 명확하지 않기 때문입니다. 질문을 받은 사람이 "네, 일단은요"라고 답한들 그 대답이 무엇을 의미하는지 알 수 없습니다. 이런 대화로는 구체적인 정보를 얻어 내지 못합니다. 그뿐 아니라 "네, 일단은요"라는 대답을 듣고 안심해 버리면, 나중에 예상치 못한 문제가 발생할지도 모릅니다. 갑작스럽게 문제와 마주한 순간 설명이 **잘** 안되었다는 사실을 깨달아봤자 때는 늦습니다.

상황을 구체적으로 이야기하도록 질문하기

설명이 **잘** 안되었다는 사실을 깨달았을 때는 "거래처에 어떻게 설명했습니까?"라고 질문해 보세요. 주관적 판단에 따른 대답이 아닌 당시의 상황을 자세하게 묘사한 답을 받아야 합니다.

더불어 "설명 후 거래처의 반응은 어땠나요?", "설명한 내용에 관한 질문은 없었나요?"처럼 설명을 들은 쪽에서 어떤 반응을 보였는지 물어보는 질문도 필요합니다. 이렇게 얻은 정보를 바탕 삼아 객관적으로 확인하는 것이 중요합니다.

QUESTION 06

정보수집 확인 인간관계 대화 사고 인식

잘 ○○했나요? ②

도전한 보람이 있는지 묻고 싶을 때

 잘했어?

응.

 어땠어?

생각보다 어렵긴 했는데 최선을 다했어.

대답을 상대에게 맡기기

"잘했어?"라는 질문은 듣는 사람에 따라 그 의미가 달라집니다. 물어본 사람은 만족스러운 결과를 얻었냐는 뜻에서 "잘했어?"라고 물었어도 듣는 사람은 일단 하긴 했다는 의미로 "응"이라고 대답할 수도 있지요.

질문이 모호하거나 막연하면 생각지도 못한 오해를 불러오기도 합니다. 그러므로 '잘했는지'를 묻기보다는 간단하게 "어땠어?"라고 질문하는 편이 좋습니다. 어떤 내용을 어떻게 말할지 상대방에게 맡기면 보다 자연스러운 대답을 끌어낼 수 있습니다. 그리고 상대가 얼마만큼 보람을 느꼈는지 알고 싶을 때는 이렇게 물어보세요. "목표를 얼마나 달성했어?", "얼마만큼 만족스러웠어?", "자기 평가를 해 본다면 몇 점을 줄 수 있을까?"

자신감의 정도를 묻는 말은 98쪽에서 자세히 다루겠습니다.

정보수집 확인 인간관계 대화 사고 인식

이해했죠? ①

상대가 잘 이해했는지 확인하고 싶을 때

여기까지 이해하셨나요?

네, 일단은……(솔직하게 아니라고는 말 못 하겠어).

지금까지 설명한 내용 중에서 이해하기 어려운 부분을 말해 줄 수 있을까요?

마지막 부분을 다시 한번 설명해 주실 수 있나요?

이해했다고 전제하지 않기

설명한 뒤에 상대가 이해했는지 확인하고 싶을 때, 흔히들 "이해하셨나요?"라고 묻습니다. 이해했다면 "네", 이해하지 못했다면 "아니오"라는 대답을 유도하는 질문이지만 실제로는 "네"라는 대답이 돌아오는 경우가 월등히 많습니다.

그 이유는 "이해하셨나요?"라는 말이 이해했다는 전제 아래 확인차 던지는 질문처럼 들리기 때문입니다. "아니오"라고 대답하면 "어? 이해 못했다고?"라는 말을 들을 것만 같아서 이해하지 못한 내용이 있어도 "네, 일단은……"이라며 모호한 대답을 하고 마는 것이지요.

무엇을 이해하지 못했는지 묻기

이제는 전제를 바꾸어 봅시다. 이해하지 못한 내용이 있을 수 있다는 전제를 깔고 "지금까지 설명한 내용 중에서 이해하기 어려운 부분을 말해 줄 수 있을까요?"라고 물어야 상대에게 불필요한 압박감을 주지 않습니다.

더불어 대답하기 더 편한 분위기를 조성하려면 "이해하지 못한 부분이 있나요?"라고 직접적으로 묻기보다는 "이해하기 어렵다고 느낀 내용은요?", "조금 신경 쓰이는 부분은요?", "조금 불안하게 느껴지는 대목은요?"처럼 다양한 표현을 활용해 질문하는 편이 좋습니다.

QUESTION 08 | 정보수집 확인 인간관계 대화 사고 인식

이해했죠? ②

내 말이 잘 전달되었는지 알고 싶을 때

 무슨 말인지 아시겠어요?

……(압박감이 느껴져).

 제 이야기를 어떻게 이해하셨어요?

저는 'OO'라고 이해했습니다.

압박감을 주는 두 가지 요소

"무슨 말인지 아시겠어요?"라는 말은 표면적으로는 '내가 하고 싶은 말을 이해했는가'를 확인하기 위한 질문입니다. 그러나 이 질문을 받은 이는 물어본 사람이 자신을 얕잡아 보는 것만 같아 불쾌함을 느끼지요. 더불어 압박감을 느끼기도 합니다.

왜 그럴까요. 이유는 크게 두 가지로 생각해 볼 수 있습니다. 첫째는 무슨 말인지 알겠냐는 질문 그 자체가 고압적인 인상을 주기 쉽다는 것. 그리고 다른 하나는 "내가 무슨 말 하는지 당연히 알고 있죠?"라며 이해를 강요하는 뉘앙스가 담겨 있다는 것입니다.

이해한 바를 자신의 언어로 이야기할 수 있도록 질문하기

하고 싶은 말과 이야기의 취지가 상대방에게 제대로 전달되었는지 알고자 할 때는 확인 방법을 다양하게 고민하고 변화를 주는 것이 좋습니다. 핵심은 상대방이 이해한 바를 스스로 이야기하도록 질문하는 것입니다.

예를 들어, "제 이야기가 잘 전달되었는지 확인 한번 해도 괜찮을까요?"라고 서론을 꺼낸 다음, "제 이야기를 어떻게 이해하셨어요?"라는 질문을 던져 이해한 내용을 상대방이 스스로 이야기하도록 하는 것도 좋은 방법입니다.

QUESTION 09 　정보수집　확인　인간관계　대화　사고　인식

열심히 하고 있죠? ①

업무 관련 화제를 꺼낼 때

 일 열심히 하고 있죠?

아, 네.

 요새 가장 집중하고 있는 업무가 무엇인가요?

요새는 ○○에 집중하고 있습니다.

대화의 맥을 끊는 질문, "열심히 하고 있죠?"

인사말 대신 "열심히 하고 있죠?"라는 질문을 받았다면 "네"라고 대답하는 것이 모범 답안일 겁니다. 하지만 이 질문은 대화를 자연스럽게 이어 가기에는 적절하지 않습니다. 상대방이 단답형으로 대답하는 경우가 많아 대화의 맥이 툭 끊겨 버리기 때문이지요.

대화가 이어지지 않고 분위기가 무르익지 않아 고민이라면 그 원인을 질문 방법에서 찾아야 할지도 모르겠습니다. 대화가 의례적인 말로 끝나지 않으려면 단답형이 아닌 문장으로 대답할 수 있는 질문을 하는 편이 좋습니다.

상대가 화제를 선택하도록 질문하기

내가 화제를 제공하지 않더라도 상대방이 원하는 화제를 스스로 선택하고 이야기할 수 있도록 질문한다면 대화는 자연스럽고 편안하게 이어집니다.

예를 들어, "지금 가장 집중하고 있는 업무가 무엇인가요?"라고 물으면 상대방은 이야기하고 싶은 화제를 골라 대답할 수 있습니다. 무엇을 어떻게 열심히 하고 있는지 스스로 선택해 이야기하도록 해야 깊은 대화도 가능합니다.

QUESTION 10 | 정보수집 확인 인간관계 대화 사고 인식
열심히 하고 있죠? ②

공부 관련 화제를 꺼낼 때

 공부 열심히 하고 있지?

네.

 제일 좋아하는 과목이 뭐야?
어떤 점이 재밌어?

제일 좋아하는 건 심리학이에요.
심리 상담에 관심이 있어서
상담 기법을 재미있게 공부하고 있어요.

긍정의 말로 물어보기

공부를 화제로 삼을 때 "열심히 하고 있지?"라는 질문으로 시작하는 대화는 상대방을 긴장하게 만듭니다. 왜냐하면 공부에 들인 노력에 대한 이야기가 대화 내내 이어질 것만 같기 때문이죠.

상대방이 마음 편히 대화에 참여하길 바랄 때는 다음과 같이 기분이 좋아지는 질문을 해 보세요. "제일 좋아하는 과목이 뭐야?" 이렇게 '좋아한다' 또는 '재미있다', '관심이 있다'와 같은 긍정의 말이 담긴 질문을 받으면 상대방은 점차 긴장을 풀고 대화에 참여하게 됩니다.

또한 "어떤 점이 재미있어?", "그 과목에 관심을 가진 계기는 뭐야?"처럼 자유롭게 답할 수 있는 질문을 덧붙이면 대화의 폭이 점점 넓어집니다.

QUESTION 11 | 정보수집 확인 인간관계 대화 사고 인식
할 거예요? 말 거예요? ①

의사를 묻고 싶을 때

 할 거야? 말 거야? 어느 쪽이야?

하겠습니다.

 넌 어떻게 하고 싶니?

이 일을 끝내고 나서 하고 싶습니다.

불필요한 선택지는 제시하지 않기

"할 거야? 말 거야?"라는 말은 선택지를 제시하는 질문으로 상대방의 대답을 제한합니다. 질문을 받은 이는 반드시 어느 한쪽을 선택해야만 할 것 같은 기분이 들어 다른 선택지는 고민조차 못 하게 되지요. 이러한 경향을 활용한 기술을 오전제 암시誤前提暗示라고 합니다.

상대방의 의사를 묻고 싶을 때는 선택지를 제시하지 않는 질문을 던지는 편이 좋습니다. 예를 들어, "넌 어떻게 하고 싶어?"라는 질문은 또 다른 선택지나 절충안을 끌어낼 수 있습니다.

심리학 키워드

오전제 암시

"A로 하시겠습니까, B로 하시겠습니까?"라는 질문을 받으면 우리는 A와 B 둘 중 하나를 선택하려 합니다. 하지만 과연 선택지가 둘뿐일까요? 실제로 다른 선택지가 있다고 해도 우리는 주어진 선택지 안에서 고르는 경향이 있습니다. 이러한 심리를 이용해 고르길 원하는 선택지만 제시하는 기술을 '오전제 암시'라고 합니다.

예를 들어, "지금 하시겠습니까, 아니면 다음에 하시겠습니까?"라는 질문은 두 선택지 모두 '한다'라는 전제가 달려 있습니다. 하지만 '하지 않는다'라는 선택지도 존재하지요. 이렇게 선택지를 제시하여 양자택일을 유도하는 질문은 자칫 질문하는 사람이 상대방을 조종하려는 인상을 줄 수 있으므로, 선택지를 선정하는 데 주의해야 합니다.

QUESTION 12 | 정보수집 확인 인간관계 대화 사고 인식

할 거예요? 말 거예요? ②

의견을 듣고 싶을 때

✕ 찬성이야? 반대야?

어, 그러니까……
(찬성도 반대도 아닌데).

○ 이건 어떻게 생각하세요?

조금 신경 쓰이는 부분이 있어서
고민 중입니다.

양자택일 질문으로 답변을 제한하지 않기

"A? 아니면 B?"라는 양자택일 질문은 효율적으로 정보를 모으고자 할 때 유용합니다. 답변 범위가 A 또는 B로 제한되기 때문에 질문을 받은 이는 둘 중 하나를 골라 바로 답할 수 있지요.

하지만 찬성이냐 반대냐를 묻는 양자택일 질문은 빠른 대답을 기대하기 어렵습니다. 자신의 의견이 A도 B도 아닌 사람이나 양쪽 모두 동의하는 사람은 답하기 힘든 질문에 지나지 않기 때문입니다.

자유롭게 답할 수 있도록 질문하기

고민하는 상대에게 찬성과 반대 중에 고르도록 압박하면 "그럼, 찬성하겠습니다", "찬성해도 상관없습니다"처럼 마지못해 대답하는 경우가 생깁니다.

그러므로 상대의 의견이나 의향을 묻고 싶을 때는 답변의 범위를 제한하지 않는 질문이 좋습니다. 예를 들어, "이건 어떻게 생각하세요?"와 같은 질문을 해 보세요. 이처럼 자유롭게 답할 수 있도록 질문하면 찬성도 반대도 아닌 다른 의견이 나올지도 모릅니다.

QUESTION 13

정보수집 확인 인간관계 대화 사고 인식

어떻게 해야만 한다고 생각해요? ①

개인 의견을 듣고 싶을 때

✕ 어떻게 해야만 한다고 생각해요?

한번 하겠다고 결정한 일은 끝까지 해내야만 한다고 생각합니다.

○ ○○ 님은 어떻게 하고 싶으세요?

이미 결정한 일이라고 해도 되돌아볼 필요가 있다면 계획을 수정하고 싶습니다.

해야만 한다는 말을 질문에 담지 말기

상대방에게 의견을 구할 때는 **해야만 한다**는 말을 사용하지 않도록 주의합시다. 당연하고 마땅한 의무라고 강조하는 말로 들리기 때문입니다.

예를 들어, "어떻게 해야만 한다고 생각해요?"라고 물으면 질문을 받은 이는 자신의 의견이 아닌 모범 답안을 말해야 할 것 같은 느낌을 받습니다. 결국 어떻게 대답해야 좋을지 고민하다가, 자신의 의견이 아닌 사회적으로 용인될 만한 대답을 찾게 됩니다.

"어떻게 하고 싶어?"라고 질문하여 생각하도록 만들기

상대방의 생각을 듣고 싶을 때는 **해야만 한다**는 말을 쓰지 않고 질문합시다. "어떻게 하고 싶으세요?" 외에도 "무엇이 가능하다고 생각하세요?", "어떻게 하면 좋을까요?" 등 질문 방법은 다양합니다.

또한 "○○ 님은", "○○ 님이라면"과 같이 상대방의 이름을 주어로 삼아 질문하면 듣고 싶은 대답이 정론이나 모범 답안이 아닌 개인적인 의견이라는 사실을 상대방에게 직접적으로 전달할 수 있습니다.

QUESTION 14 · 정보수집 확인 인간관계 대화 사고 인식

어떻게 해야만 한다고 생각해요? ②

상대방이 자신의 행동을 돌아보길 바랄 때

 무엇을 해야만 했을까?

음……

 무엇을 했으면 좋았겠다고 생각하세요?

누군가에게 조언을 구했더라면 조금 더 빨리 알아차렸을지도 모르겠어요.

했더라면 좋았을 일로 바꿔 말하기

"무엇을 해야만 했을까?"라고 물으면 그 질문만으로도 상대방은 비난받는 기분을 느낍니다. **해야만 한다**는 말을 쓰는 순간, 평가하는 뉘앙스가 담기기 때문이지요. 질문을 받은 사람은 "꼭 해야 하는 일을 당신은 하지 않았어"라는 말을 들은 듯한 느낌을 받습니다.

그러므로 상대방이 자신의 행동을 돌아보길 바랄 때는 "무엇을 했으면 좋았겠다고 생각하세요?"라고 물어봅시다. 반성은 물론, 반성 뒤에 이어질 행동을 고민할 기회도 제공하는 질문입니다. 이처럼 조금만 표현을 바꿔도 평소와는 다른 대답을 이끌어 낼 수 있습니다.

심리학 키워드

강박 사고

'이래야만 해', '이렇게 해야만 해'라며 강박적으로 생각하는 것을 강박 사고라고 합니다. 생각 자체는 문제가 없지만, 반드시 해야만 한다고 강하게 생각할수록 그 사고방식이 자기 자신과 대화 상대를 지배하게 되지요. 강박 사고에 빠져들기 쉬운 사람은 질문할 때도 **해야만 한다**는 말을 쓰는 경향이 있으므로 특별히 주의해야 합니다.

QUESTION 15 | 정보수집 확인 인간관계 대화 사고 인식
왜?, 어째서? ①

실수의 이유를 물을 때

 왜 실수한 거죠?

죄송합니다(실수해서 화났나 봐).

 실수의 원인이 무엇이라고 생각하나요?

다른 사람한테 맡겨 두기만 하고 제가 직접 확인하지 않았기 때문이라고 생각합니다.

오해받기 쉬운 '왜'와 '어째서'

'왜'와 '어째서'는 원인이나 이유를 물을 때 쓰는 의문사입니다. 그런데 "왜 실수한 거죠?"라고 물으면 상대는 대답 대신 "죄송합니다"라며 사과하거나 "하지만……"이라며 변명을 하게 됩니다.

질문을 받은 이가 사과를 하고 자기변호를 하는 이유는 질문이 자신을 비난하는 말로 들리기 때문입니다. 묻는 사람은 그저 실수의 원인을 알고 싶었던 것뿐이지만, 질문 방법에 따라 오해를 불러올 수 있습니다.

이유에 초점을 맞춰 질문하기

"왜 실패한 거죠?" 이 질문이 비난의 말로 들리는 이유는 질문 속에 '○○ **씨**'라는 주어가 숨어 있기 때문입니다. "○○ **씨**, 왜 실패한 거죠?" 이렇게 사람에게 초점을 맞춘 질문은 상대를 비난하는 듯한 인상을 주기 쉽습니다.

그러므로 사람이 아닌 원인에 초점을 맞춰 질문해 봅시다. "실수의 원인이 무엇이라고 생각하나요?"라고 표현을 바꾸면 오해를 사지 않고 질문의 의도를 상대방에게 똑바로 전달할 수 있습니다.

QUESTION 16 | 정보수집 확인 인간관계 대화 사고 인식
왜?, 어째서? ②

행동의 이유를 물을 때

 왜 그런 걸 한 거야?

하지만……

 어떤 마음으로 그렇게 행동한 거야?

주변에 민폐를 끼치면
안 된다는 마음이었습니다.

그런 것은 부정적인 표현

말투에 따라 다르긴 하겠지만 "그런 걸 왜 한 거야?"라는 질문은 꾸짖는 말처럼 들리기 쉽습니다. 언뜻 듣기에는 행동의 이유를 묻는 듯하지만, 대답을 원하는 것인지 아니면 에둘러 질책하는 것인지 알 수가 없지요.

애초에 이유를 묻는 행위 그 자체에서 지적하는 뉘앙스를 느끼는 사람도 있습니다. "**그런 걸** 왜 한 거야?"처럼 부정적인 표현을 사용하면 상대는 어떤 느낌을 받을까요. 아마 진심으로 대답을 원한다고 받아들이긴 어렵겠지요.

행동의 배경에 자리한 마음과 생각을 묻기

이럴 때는 행동의 배경에 자리한 상대방의 마음과 생각을 물어봅시다. "어떤 마음으로 그렇게 행동한 거야?"라고 질문하면 질책처럼 들리지 않습니다. 또 "어떤 생각으로 그렇게 행동한 거야?"라며 상대방의 생각을 물어보거나 "무언가(누군가)를 위해서 한 행동이었던 거야?"처럼 행위의 목적을 묻는 방법도 있습니다.

\ 유용한 질문 모음 ❶ /

원인·이유를 묻는 질문

원인이나 이유를 물을 때 우리는 흔히 "왜?", "어째서?"라는 표현을 쓰곤 합니다. 하지만 이 같은 말을 사용하지 않고도 물어볼 수 있습니다. 다음과 같이 사람이 아닌 상황에 초점을 둔 질문을 연습해 보세요.

왜 실수한 거죠?

- 실수한 이유가 무엇이라고 생각하나요?
- 어떤 이유로 인해 실수했다고 생각하세요?
- 이런 결과가 나온 이유가 무엇이라고 생각하세요?

어째서 그런 행동을 한 거죠?

- 어떤 마음으로 그렇게 행동했나요?
- 어떤 생각으로 그렇게 행동했나요?
- 이렇게 된 경위를 설명해 줄 수 있나요?

왜 하기 싫은 거죠?

- 그렇게 마음먹게 된 계기가 무엇인가요?
- 그렇게 마음먹은 건 어떤 생각 때문인가요?
- 무엇을 위해서 하고 싶지 않다고 생각한 건가요?

어째서 이런 상황이 된 거죠?

- 이 상황을 초래한 원인이 무엇이라고 생각하나요?
- 어떤 이유로 이런 상황이 벌어졌다고 생각하나요?
- 상황이 이렇게 된 경위를 설명해 줄 수 있나요?

왜 그렇게 생각해요?

- 그렇게 생각하게 된 계기가 무엇인가요?
- 그렇게 생각한 건 누군가를 위한 것이었나요?
- 그렇게 생각하게 된 심리적 배경에 대해 이야기해 줄 수 있나요?

어째서 지금까지 말하지 않고 있었나요?

- 지금까지 말하지 않았던 이유가 무엇인가요?
- 어떤 생각으로 침묵하겠다고 마음먹은 건가요?

 **QUESTION 17** | 정보수집 확인 인간관계 대화 사고 인식
답정너 질문 ①

의욕이 있는지 알고 싶을 때

 할 생각이 있습니까?

…… 있습니다.

 **어떻게 할 생각이세요?**

일단 공부를 하려면 책을 사야 하는데 어떤 책이 좋을지 잘 모르겠어요…….

의욕을 평가할 때는 행동을 살펴보기

상대방과의 관계에 따라 달라지겠지만 "할 생각이 있습니까?"라는 질문은 고압적으로 들릴 수 있습니다. 의욕이 있는지 없는지 묻는 듯하지만, 실제로는 상대의 생각을 듣기 원하지 않는 답정너 질문이기 때문이죠.

"할 생각이 있습니까?"라는 질문은 "할 생각이 없어 보여요"라고 말하는 것이나 마찬가지입니다. 질문을 받은 상대방은 가만히 입을 다물거나 본심은 숨긴 채 "있습니다"라고 답할 수밖에 없습니다.

하지만 "있습니다"라는 답변만으로는 정말로 상대가 의욕이 있는지 없는지 알 도리가 없습니다. 이럴 때는 "어떻게 할 생각이세요?"라고 질문하고, 그에 대한 대답을 통해 상대방의 의욕을 평가하는 것이 좋습니다.

심리학 키워드

답정너 질문

"할 생각이 있긴 해?", "몇 번을 말해야 알겠니, 또 ○○할 셈이야?" 이처럼 겉으로는 질문인 것처럼 보이지만, 실제로는 상대방의 대답을 요구하지 않고 자신이 정해 놓은 답변만 듣길 원하는 질문을 답정너 질문이라고 합니다. 특히 짜증이 나거나 스트레스를 받을 때 이를 발산하고자 던지는 답정너 질문은 상대를 억누르는 질문에 지나지 않습니다.

QUESTION 18 | 정보수집 확인 인간관계 대화 사고 인식

답정너 질문 ②

일 처리가 느린 사람과 대화할 때

❌ 대체 언제까지 하고 있을 거죠?

……

⭕ 앞으로 얼마나 남았어?

한 10분 정도 남았습니다.

대화가 이루어지도록 질문하기

"대체 언제까지 하고 있을 거죠?"라고 물으면 "빨리 끝내세요!"라며 비난하는 것이나 다름없습니다. 이와 같은 답정너 질문은 반발을 사거나 상대의 기분을 불쾌하게 만들 뿐, 아무런 의미가 없습니다. 그러니 "앞으로 얼마나 남았어?"라고 물어봅시다. 바람직한 대화를 이끌어 가려면 구체적이고 긍정적인 질문을 해야 합니다. 현 상황을 명확히 밝히는 질문이라면 상대도 곧바로 대답할 수 있겠지요. 더불어 "어디까지 진행했어?", "막히는 부분이 어디야?" 등의 질문을 덧붙여서 현재 상황을 함께 정리해 보는 것도 좋습니다.

답정너 질문은 질문의 형식을 갖춘 것처럼 보이지만, 실제로는 일방적인 행위에 지나지 않습니다. 상대가 대답할 수 있는 질문을 해야 쌍방향 대화가 이루어진다는 사실을 명심하길 바랍니다.

Chapter

2

반드시 알아야 할 기본 질문

똑같은 질문을 해도 어떻게 물어보느냐에 따라
돌아오는 대답은 크게 달라집니다.
목적에 맞는 적절한 질문을 할 수 있도록
기본적인 질문 형식을 익히고 다듬어 갑시다.

QUESTION 19 | 정보수집 확인 인간관계 대화 사고 인식
닫힌 질문 ①

인사로 긴장을 풀고 싶을 때

 안녕하세요?

안녕하세요
(조금 긴장되네).

 안녕하세요.
길 찾는 데 어려움은 없으셨나요?

네, 미리 잘 알려 주셔서
어렵지 않았어요. 감사합니다.

인사에 질문을 덧붙여 대화 시작하기

"안녕하세요", "안녕하십니까"라고 인사한 다음에는 상대방이 '네' 또는 '아니오'로 간단히 답할 수 있는 닫힌 질문을 던져 보세요. 인사 뒤에 한마디 덧붙이는 것만으로 긴장이 풀려 자연스럽게 대화를 시작할 수 있습니다.

"오늘 날씨 좋죠?", "아침부터 날씨가 춥죠?"와 같이 날씨를 주제로 한 질문이 단골로 꼽히겠지만 기왕이면 마음 씀씀이를 보여 주는 질문을 해 보세요.

예를 들어, "길 찾는 데 어려움은 없으셨나요?", "오래 기다리셨어요?", "별일 없으시죠?"처럼 상대를 배려하는 질문을 던지면 더욱 좋은 인상을 남길 것입니다.

> **심리학 키워드**
>
> ### 닫힌 질문
> 닫힌 질문이란 '네' 또는 '아니오' 중 하나를 골라 답하도록 하는 질문 형식을 말합니다. 닫힌 질문에는 A인지 B인지 선택하게 하는 질문, 이름을 묻는 말처럼 답변이 정해진 질문도 포함됩니다.
> 인사를 나누는 자리에서 긴장을 풀거나 화젯거리를 찾고자 한다면 대화 상대가 마음 편히 대답할 수 있는 닫힌 질문이 적절합니다.

정보수집 확인 **인간관계** 대화 사고 인식

닫힌 질문 ②

잡담을 나누는데 화젯거리가 없어 곤란할 때

(무언가 말을 해야 하는데……)
그러고 보니 요즘 너무 바빠서 좀 힘드네요.

아, 그러시군요.

새로운 환경에는 좀 적응하셨어요?
요즘에는 주로 뭘 하세요?

네, 조금씩 적응해 가고 있어요.
아직 연수 기간이라 매일 공부만 해요.

대화할 때는 상대에게 집중하기

잡담을 나눌 때 자기 이야기만 하는 사람은 크게 두 가지 유형으로 나닙니다. 하나는 말하기를 너무 좋아해서 언제나 자신이 대화를 이끌어 가길 원하는 수다쟁이형, 다른 하나는 대화가 끊기지 않도록 아무 이야기라도 계속하려는 침묵 불안형입니다.

화젯거리가 부족해 고민인 사람은 말할 것도 없이 후자지만, 두 유형에는 공통된 특징이 있습니다. 대화 중에 언제나 자기 자신에게만 집중한다는 점입니다. 따라서 대화 상대방이 어떤 감정을 느끼고 있는지까지 신경 쓰지 못하지요. 잡담이라고 해도 좋은 관계를 만들어 나가기 위해서는 대화 상대에게 집중하는 것이 무엇보다 중요합니다.

잡담을 잘한다는 것은 질문을 잘한다는 것

그러므로 상대방을 대화 속으로 끌어들이는 질문을 합시다. 예를 들어, "새로운 환경에는 좀 적응하셨어요?"와 같은 닫힌 질문을 우선 던져 보세요. '네' 또는 '아니오'로 대답하도록 하는 질문은 대화가 아직 무르익지 않은 시점에 사용하면 이야기의 흐름을 원활하게 만들어 줍니다.

닫힌 질문으로 대화의 계기를 마련했다면 "요즘에는 주로 뭘 하세요?"처럼 열린 질문을 던져 대화의 폭을 넓히는 것이 좋습니다.

QUESTION 21 · 정보수집 확인 인간관계 대화 사고 인식

선택지를 제시하는 닫힌 질문 ①

매끄럽게 대화를 이어 가고자 할 때

다음 면담은 어떻게 할까요?

어떻게요?
어, 그러니까……

다음 면담은 대면과 온라인 중 어떤 방식이 좋으세요?

온라인으로 부탁드릴게요.

선택지를 제시하여 질문하기

"다음 면담은 어떻게 할까요?"라고 막연하게 질문하면 상대방은 어떻게 대답해야 좋을지 몰라 혼란을 느낍니다. "어떻게 할까요?"라는 말만으로는 면담을 할지 말지 묻는 것인지, 아니면 면담을 언제 하고 싶은지를 묻는 것인지 알 수가 없죠.

이럴 때는 상대방이 쉽게 대답할 수 있도록 "다음 면담은 대면과 온라인 중 어떤 방식이 좋으세요?"라고 선택지를 자세히 제시하여 질문합시다.

이렇게 구체적인 질문을 받은 사람은 주어진 선택지 안에서 더 적절한 것을 고를 수 있어 당황하지 않고 대답할 수 있습니다.

> **심리학 키워드**
>
> ### 양자택일 질문
>
> "A? 아니면 B?" 이처럼 두 가지 선택지를 제시하여 어느 한쪽을 선택하도록 하는 질문을 양자택일 질문이라고 합니다. 양자택일 질문에는 두 가지 장점이 있습니다. 하나는 정보를 수집하고 확인하는 데 효율적이라는 것, 다른 하나는 대화가 매끄럽게 이어지도록 한다는 것입니다. 그러나 폭넓고 깊이 있는 대화를 나누는 데에는 알맞지 않으므로 상황에 맞게 신중히 사용해야 합니다.

QUESTION 22

`정보수집` `확인` `인간관계` `대화` `사고` `인식`

선택지를 제시하는
닫힌 질문 ②

상대방이 원하는 바를 신속히 알아내고자 할 때

✕ 뭐 마실래?

음, 글쎄······
(뭐가 있지?).

○ 커피랑 홍차 중에 뭐가 좋아?

홍차가 좋아.

양자택일로 답변의 범위를 좁혀 나가기

그저 막연하게 "뭐가 좋아?"라고 물어본들, 자신이 원하는 바를 바로 말하는 사람은 많지 않지요. "뭐 먹고 싶어?", "뭐 마실래?", "어디 가고 싶어?", "뭐 하고 싶어?" 등과 같은 막연한 질문에 상대방이 대답하지 못하고 고민 중이라면 선택지를 제시하는 닫힌 질문을 던져 보세요.

예상 가능한 두 가지 선택지를 제시하며 "A와 B 중에 뭐가 좋아?"라고 물어 선택하도록 하는 것이지요. 그럼에도 상대가 여전히 분명하게 답을 하지 않는다면 "A랑 B 중에 어느 쪽이 더 끌려?", "굳이 따지자면 A에 가까워, B에 가까워?"처럼 조금 더 파고들어 답변의 범위를 좁혀 나가 보세요.

> **심리학 키워드**
>
> ### 지정 질문과 확장 질문
> 무언가를 명확히 지정하고자 할 때 사용하는 질문을 지정 질문이라고 합니다. "A? 아니면 B?"와 같은 양자택일 질문, 대화 상대에게 '네' 또는 '아니오'로 답하도록 하는 닫힌 질문은 지정 질문입니다.
> 확장 질문은 상대에게 깊이 있는 사고를 요구하고 깨달음을 주고자 할 때 사용하는 질문을 말합니다. 여기서 '확장'은 대화의 폭을 넓히는 것뿐만 아니라 대화 상대의 능력이나 가능성을 확장한다는 의미도 있습니다.

QUESTION 23 · 정보수집 확인 인간관계 대화 사고 인식

열린 질문 ①

이야기에 관심을 표현하고 싶을 때

아, 그래요?

네……(그다지 관심 없어 보이네).

아, 그렇구나.
그다음에는 어떻게 됐어요?

그런 뒤에 담당자랑
만날 수 있게 됐죠.

영혼 없는 맞장구 대신 다음 질문하기

"아, 그래요?", "그렇구나"와 같은 영혼 없는 말로 맞장구를 치면 상대방은 허공에 대고 이야기하는 듯한 느낌을 받기 마련입니다. '내 이야기에 관심이 없어 보이네'라는 생각이 드는 탓에 말할 의욕이 뚝 떨어지고 말지요.

그러므로 상대의 이야기에 관심을 표시하고자 할 때는 단순히 맞장구를 치는 대신 "그다음에는 어떻게 됐어요?", "그래서 어떻게 됐어요?"와 같이 물어 상대방이 더 말하고 싶어지도록 만들어 보세요.

또한 상대의 이야기 흐름에 맞춰 육하원칙(5W1H)을 활용한 열린 질문을 던져도 좋습니다. 육하원칙에 따라 차근차근 물으면 대화의 폭이 차츰 넓어집니다.

심리학 키워드

열린 질문

열린 질문이란 무엇을 어떻게 대답할지 상대방에게 맡기는 질문 형식을 말합니다. 열린 질문은 답변의 범위를 한정하지 않으므로 대화의 폭을 넓히고 깊이를 더하는 효과가 있습니다.

\유용한 질문 모음 ❷/
육하원칙을 활용한 열린 질문

상대방의 이야기에 발맞춰 육하원칙을 활용한 열린 질문을 던져 봅시다. 특히 '어떻게'를 사용한 질문은 상대의 말을 많이 이끌어 낼 수 있어 대화의 폭을 넓히고자 할 때 아주 유용합니다.

누가? 누구? : 사람 · 대상을 묻기

- 누구와 자주 갔나요?
- 누구의 영향을 받은 건가요?
- 처음 만난 사람이 누구였나요?

언제? 언제까지? : 시간 · 시기를 묻기

- 언제나 늘 하는 일인가요?
- 그건 언제 적 이야기인가요?
- 언제까지 그곳에 머무셨나요?

어디서? 어디로? : 장소 · 위치를 묻기

- 그건 어디로 가야 얻을 수 있죠?
- 그걸 한다면 어디서 해야 좋을까요?
- 특별히 기억에 남는 장소는 어디인가요?

무엇을? 어떤? : 사물·내용을 묻기

- 어떤 걸 추천하세요?
- 어떤 부분에 매력을 느끼나요?
- 그 일을 시작한 계기가 무엇인가요?

어떻게? 어떻게 할까? : 방법·상태를 묻기

- 그건 어떻게 하는 건가요?
- 어떤 일이 있었던 건가요?
- 어떻게 해야 잘할 수 있을까요?

왜? 어째서? : 이유·목적을 묻기

- 왜 그런 거죠?
- 왜 A가 아니라 B인 건가요?
- 그렇게 하면 왜 잘되는 건가요?

QUESTION 24 | 정보수집 확인 인간관계 대화 사고 인식

열린 질문 ②

감상을 듣고 싶을 때

 재밌었어?

응.

 해 보니까 어땠어?

의외로 어려웠는데
또 해 보고 싶어!

자유롭게 답할 수 있도록 질문하기

"재밌었어?"와 같은 닫힌 질문으로 감상을 물으면 "응"이라는 짧은 대답이 돌아오기 마련이지요. 재미있었는지 재미없었는지에 대한 상대방의 판단을 들을 수는 있지만, 그 밖의 감상을 끌어내지는 못합니다.

이럴 때는 상대방이 자유롭게 대답할 수 있도록 열린 질문을 사용해 보세요. "해 보니까 어땠어?"라고 물으면 무엇을 어떻게 대답할지는 상대방에게 달려 있습니다. "생각보다 이었어"처럼 질문한 사람이 전혀 예상하지 못한 감상을 듣게 될지도 모릅니다.

좀 더 자세히!

두 질문을 조합하기

질문은 대화 상대와 상황에 따라 가려서 하는 것이 무엇보다 중요합니다. 예를 들어, 면담 및 상담 지원 상황에서 정보 수집과 사실 확인이 필요할 때는 닫힌 질문을 쓰고, 상대방의 생각이나 기분을 이해하고자 할 때는 열린 질문을 사용해야 효과적이겠죠. 또한 상황을 정리할 때는 '예'와 '아니오'로 답하도록 닫힌 질문을 던져 대화 내용과 상대방의 의사를 명확히 확인하는 것이 필요합니다.

QUESTION 25 | 정보수집 확인 인간관계 대화 사고 인식
전제가 달린 열린 질문 ①

근황을 물을 때

요즘 어때요?

뭐, 그럭저럭 지내요(뭐가 어떠냐는 걸까?).

한동안 꽤 바쁘셨죠?
요즘에는 좀 어떠세요?

물어봐 주셔서 감사합니다. 맞아요, 요즘에 일이 상당히 바빴는데 저번 주에 드디어 마무리 지었어요.

대답하기 곤란한 막연한 질문은 피하기

열린 질문은 자유롭게 대답할 수 있는 질문입니다. 하지만 그만큼 답변하기 어렵다고 느끼는 사람도 있습니다. 특히 "요즘 어때요?"와 같은 막연한 질문을 받으면 '뭐가 어떠냐는 걸까'라며 혼란스러워하는 사람이 적지 않습니다. 무엇을 어떻게 대답해야 좋을지 몰라 "뭐, 그럭저럭 지내요", "네, 덕분에요"와 같은 무난한 대답으로 대화가 끝나 버립니다.

전제를 달아 질문의 의도 전달하기

이럴 때는 "요즘 어때요?" 앞에 "한동안 꽤 바쁘셨죠?", "지난주에는 감기 때문에 많이 힘드셨죠?"처럼 간단한 전제를 달아 봅시다. 이 한마디만 덧붙여도 질문의 의도가 저절로 전달되어 상대는 당황하지 않고 대답할 수 있습니다.

"요즘 어때요?"라는 말은 누구에게나 부담 없이 건넬 수 있는 편리한 기본 질문이지만, 대화 상대에게 맞는 전제를 달면 관심과 배려가 담긴 개인 메시지로 탈바꿈할 수 있습니다.

QUESTION 26 · 정보수집 확인 인간관계 대화 사고 인식

전제가 달린 열린 질문 ②

목표를 물을 때

 당신의 목표는 무엇인가요?

목표요……, 글쎄요(어떻게 대답해야 하지).

 1년 뒤에는 무엇을 하고 있으면 좋겠다고 생각하세요?

1년 뒤에는 ○○을 하고 있으면 좋겠어요.

전제나 조건을 제시하여 질문하기

"당신의 목표는 무엇인가요?"라는 질문을 받으면 대답하기 어렵다고 느끼는 사람이 많을 것입니다. 질문의 범위가 너무 넓어서 막연하기 때문이지요.

이럴 때는 "1년 뒤에는 무엇을 하고 있으면 좋겠다고 생각하세요?", "서른 살쯤에는 어떤 모습이길 바라세요?"처럼 전제가 달린 열린 질문을 사용해 보세요.

'1년 후', '서른 살쯤에는'과 같은 전제나 조건이 붙으면 가까운 미래와 먼 미래의 목표를 보다 구체적으로 상상할 수 있습니다.

> **좀 더 자세히!**
>
> ### 전제의 필요 여부는 상대방에게 달린 것
>
> 열린 질문에 전제가 필요한지 필요하지 않은지는 질문을 받는 이의 반응에 따라 달라집니다. 우선 "당신의 목표는 무엇인가요?"하고 물어보세요. 명확한 목표를 가진 사람이라면 "제 목표는 ○○입니다"라고 바로 대답할 것입니다.
>
> 같은 질문을 했을 때 "목표요……, 음, 글쎄요"라며 얼버무리는 사람이라면 "그럼 1년 뒤에는 무엇을 하고 있으면 좋겠다고 생각하세요?"라고 전제가 달린 열린 질문을 사용합시다.

QUESTION 27 | 긍정형 질문 ①

정보수집 확인 인간관계 대화 사고 인식

기한을 지키기 어려울 것 같다는 보고를 받았을 때

 왜 기한을 못 지키는 거죠?

죄송합니다……

 어떻게 하면 기한을 지킬 수 있을 것 같으세요?

도움을 받는다면 어떻게든 맞출 수 있을 듯합니다.

'왜'가 아니라 '어떻게'로 물어보기

질문은 상대방을 긍정적으로도, 부정적으로도 이끄는 힘을 가지고 있습니다. 예를 들어, "왜 기한을 못 지키는 거죠?"라고 물으면 질문을 받은 이는 움츠러들기 마련입니다. "죄송합니다"라고 사과하거나 변명을 늘어놓으며 대화가 점점 바람직하지 않은 방향으로 흘러가고 말죠. 그 이유는 이 질문이 '**못**'이라는 부정의 뜻을 나타내는 말이 담긴 부정형 질문이기 때문입니다.

이럴 때는 상대가 긍정적인 자세를 보이도록 '어떻게'로 시작하는 긍정형 질문을 사용해 보세요. "어떻게 하면 기한을 지킬 수 있을 것 같으세요?"라고 질문하여 긍정적으로 생각해 볼 수 있는 분위기를 조성하면 대화도 바람직한 방향으로 나아갈 것입니다.

심리학 키워드

긍정형 질문과 부정형 질문

긍정형 질문이란 대화 상대가 긍정적인 측면을 의식하도록 유도하는 질문을 말합니다. 반대로 부정적인 측면을 의식하게 하는 질문은 부정형 질문이라고 하죠. 좀 더 자세히 설명하자면 '**못**', '**아니**' 등 부정의 뜻을 나타내는 말이 담긴 질문을 가리킵니다.

부정형 질문과 '왜' 또는 '어째서'를 함께 쓰면 추궁이나 비난처럼 들려, 상대방은 자기방어나 자기변호를 하게 됩니다. 바람직한 방향으로 생각하길 바랄 때는 '왜'를 '어떻게'로 바꿔 긍정형 질문을 던져 보세요.

QUESTION 28   정보수집 · 확인 · 인간관계 · 대화 · 사고 · 인식

긍정형 질문 ②

상대방이 "설명을 잘 못 알아듣겠어요"라고 말했을 때

✗ 뭘 모르겠다는 거죠?

……(뭘 모르는지를 몰라서 곤란한 건데).

○ 어떤 부분을 이해했는지 알려 주시겠어요? 같이 정리해 볼까요?

전날까지 꼭 예약해야 한다는 건 이해했습니다. 그러고 나서…… (아, 이 부분이 이해가 안 됐었지).

긍정적인 측면에 초점 맞추기

"뭘 모르겠다는 거죠?"라는 질문을 받아도 정작 자신이 뭘 모르겠는지 확실치 않을 때가 있습니다. 이 질문에 명확한 답변을 내놓을 정도라면, 애초에 "설명해 주신 부분 중에 ○○이 뭔지 잘 모르겠어요"라고 이야기했겠지요.

"설명을 잘 못 알아듣겠어요"라는 모호한 말을 내뱉은 이유는 상대방의 머릿속이 뒤죽박죽 뒤섞인 상태이기 때문일지도 모릅니다. 그러므로 무엇을 모르는지 묻는 부정형 질문 대신, 무엇을 아는지 답하도록 하는 긍정형 질문을 사용해 봅시다.

예를 들어, "어떤 부분을 이해했는지 알려 주시겠어요?"라고 물어 무엇을 어디까지 아는지 함께 정리하다 보면 막힌 부분을 찾아낼 수 있습니다. 처음부터 다시 설명하는 것보다는 상대가 이해하지 못한 부분만 콕 집어서 설명하는 편이 단연코 효율이 높습니다.

> **좀 더 자세히!**
>
> ### 사고의 폭을 넓히는 긍정형 질문
>
> 우리의 사고는 부정인인 상태일 때 폭이 좁아지고 긍정적인 상태일 때 폭이 넓어지는 경향이 있습니다. 그러므로 "왜 기한을 못 지키는 거죠?"라고 이유를 묻기보다는 "어떻게 하면 지킬 수 있을 것 같으세요?"라고 긍정적으로 생각하도록 질문해야 사고의 폭을 넓히고 다양한 가능성을 깨닫게 할 수 있습니다.

\ 유용한 질문 모음 ❸ /

긍정형 질문

'못', '아니' 등 부정의 의미를 담고 있는 부정형 질문을 긍정적인 측면에 초점을 맞추는 긍정형 질문으로 바꿔 보겠습니다. 이 질문들을 활용한다면 훨씬 더 바람직한 소통이 이루어지게 될 것입니다.

왜 기한을 못 지키는 거죠?
- 어떻게 하면 기한을 지킬 수 있을 것 같으세요?
- 기한을 맞추기 위해서 지금부터 할 수 있는 일은 무엇일까요?

뭘 모르겠다는 거죠?
- 어디까지 이해하셨어요?
- 어떤 부분을 이해했는지 알려 주시겠어요?

왜 계속하지 못하는 거죠?
- 어떤 방법을 써야 끈기 있게 할 수 있을까요?
- 무엇을 하면 계속 진행할 수 있을 것 같으세요?

아직도 못 끝냈어요?
- 앞으로 얼마나 더 시간이 필요하세요?
- 예정대로 끝내려면 어떻게 하는 편이 좋겠다고 생각하세요?

왜 잘 안된 거죠?

- 무엇이 있으면 잘하리라고 생각하세요?
- 어떻게 하면 잘될 것 같다고 생각하세요?
- 성공하려면 어떤 방법이 필요하다고 생각하세요?

늦지 않으려면 어떻게 해야만 할까요?

- 어떻게 하면 여유롭게 도착할 수 있다고 생각하세요?
- 무엇을 준비하면 기한을 지킬 수 있다고 생각하세요?
- 계획대로 진행하기 위해 무엇이 필요하다고 생각하세요?

왜 안 하는 거죠?

- 어디까지 할 수 있을 것 같으세요?
- 어느 정도까지 할 수 있겠다고 생각하세요?
- '이 정도면 할 수 있겠다'라고 생각하는 것은 무엇인가요?

QUESTION 29 | 정보수집 확인 인간관계 대화 사고 인식

미래 지향형 질문 ①

사후 보고를 받았을 때

왜 좀 더 빨리 보고하지 않은 거죠?

죄송합니다. 다음부터는 조심하겠습니다.

앞으로는 어떻게 하는 것이 좋겠다고 생각하세요?

다음부터는 혼자서 해결하려 들지 않고, 우선 보고부터 하려고 합니다.

원인 규명보다는 미래에 초점 맞추기

"왜 좀 더 빨리 보고하지 않은 거죠?"라고 물었을 때 상대가 "죄송합니다. 다음부터는 조심하겠습니다"라고 답할 때가 있습니다. 언뜻 반성하는 듯한 말로 들리지만, 이대로 대화를 끝내 버리면 원인도 찾지 못할 뿐 아니라 다음부터는 무엇을 어떻게 조심하겠다는 것인지도 모호할 뿐이지요.

반성도 물론 필요하지만 그 이상으로 중요한 것이 앞으로의 행동입니다. 미래에 초점을 맞춘 미래 지향형 질문을 해 보세요. "앞으로는 어떻게 하는 것이 좋겠다고 생각하세요?"라고 물어 같은 실수를 반복하지 않기 위해 어떻게 할 생각인지 그 자리에서 답을 받는 것이지요. 또한 원인 규명이 꼭 필요한 상황이라면 "사후 보고를 하게 된 이유가 무엇인가요?"라고 물어보세요. 사과가 아닌 실제 질문에 대한 대답을 끌어낼 수 있습니다.

> **심리학 키워드**
>
> ### 미래 지향형 질문
>
> 미래 지향형 질문이란 미래에 초점을 맞춰 대화 상대가 미래를 의식하도록 하는 질문을 말합니다. 조금 더 자세히 설명하자면 '앞으로는', '다음은', '1년 후에는', '차후에는' 등의 미래 지향형 표현을 사용해 앞으로 할 일이나 일어날 일을 상상해 보도록 유도하는 질문입니다.

QUESTION 30 | 정보수집 확인 인간관계 대화 사고 인식
미래 지향형 질문 ②

계획대로 진행되지 않을 때

지금까지 뭘 한 거죠?

죄송합니다, 예상보다 시간이 오래 걸려서…….

지금부터 할 수 있는 일이 무엇일까요?

작업 효율을 높일 수 있도록 방법을 다시 생각해 보겠습니다.

'지금까지'보다는 '지금부터'를 생각하기

"지금까지 뭘 한 거죠?"라고 물으면 상대방은 자기 행동을 되돌아보기 시작합니다. 어쩌다 계획대로 진행되지 않았는지 생각해 보도록 하고, 상대방의 행동이 원인이라면 반성을 요구하는 것도 중요한 일이지요. 다만 과거 지향형 질문으로 얻을 수 있는 것은 반성과 뉘우침뿐입니다.

앞으로 나아가기 위해서는 지금부터 무엇을 해야 좋을지 고민하도록 유도하는 것이 중요합니다. 그러므로 상대방이 나아갈 방향에 집중하도록 미래 지향형 질문을 던져 봅시다. "지금부터 할 수 있는 일이 무엇일까요?"라고 질문하여 상대가 스스로 해결 방법을 생각해 보게 하는 것입니다. 앞으로의 행동과 관련된 대화를 나누면 상대방의 의욕을 끌어낼 수 있습니다.

심리학 키워드

과거 지향형 질문

과거 지향형 질문은 과거에 초점을 맞춰 대화 상대가 과거를 의식하게 하는 질문으로, 그 내용에 따라 얻을 수 있는 효과가 크게 달라집니다. 예를 들어, 과거 특정 사건의 원인을 밝히고자 던지는 질문은 상대방이 하지 못한 것이나 하지 않았던 것을 비난하거나 질책하는 말로 들리기 쉽습니다. 반면 지난날의 성공과 관련한 질문은 자기 효능감을 높이고 긍정적인 태도를 끌어내는 데 큰 도움이 됩니다.

\ 유용한 질문 모음 ④ /

미래 지향형 질문

'지금까지'를 되돌아보는 과거 지향형 질문을 '지금부터'에 초점을 맞춘 미래 지향형 질문으로 바꿔 보세요. 상대방이 미래를 의식하도록 유도하면 앞으로의 행동과 직결되는 건설적인 대화가 가능해집니다.

왜 좀 더 빨리 보고하지 않은 거죠?

- 앞으로 어떻게 할 생각이세요?
- 앞으로 신경 써서 살피고 싶은 점은 무엇인가요?
- 다음부터는 어떻게 하는 편이 좋겠다고 생각하세요?

지금까지 뭘 한 거죠?

- 지금부터 시작할 수 있는 것이 무엇인가요?
- 앞으로 어떻게 하는 것이 좋겠다고 생각하세요?
- 앞으로 어떤 조건이 갖춰지면 할 수 있을 것 같나요?

왜 이런 상황이 벌어졌다고 생각하세요?

- 지금부터라도 할 수 있는 일은 무엇이라고 생각하세요?
- 상황을 바꾸기 위해서는 지금부터 어떻게 해야 할까요?
- 다음에 좋은 결과를 얻으려면 무엇을 해야 한다고 생각하세요?

왜 실수를 사전에 막지 못한 거죠?

- 다음부터는 무엇을 해야 실수를 방지할 수 있을까요?
- 같은 실수를 반복하지 않기 위해 앞으로 무엇을 해 볼 생각이세요?
- 실수를 방지하려면 앞으로 어떻게 하는 편이 좋겠다고 생각하세요?

왜 하지 못한 거죠?

- 가능하게 하려면 앞으로 어떤 아이디어가 필요할까요?
- 지금부터 무엇을 바꿔야 앞으로 할 수 있을 거라고 보세요?
- 할 수 있도록 앞으로 무엇을 해 볼 생각이세요?

Chapter
3

바로 활용할 수 있는 질문의 기술

질 높은 정보를 얻으려면
질문의 기술을 한 단계 발전시킬 필요가 있습니다.
고도의 의사소통 기술을 바탕으로 하는 심리 상담과 심리 요법에는
"이런 질문법도 있네!"라며 유레카를 외칠 법한 질문이 참 많지요.
이러한 기술적 질문을 일상은 물론 회사 생활에서도 활용해 봅시다.

QUESTION 31 | 정보수집 확인 인간관계 대화 사고 인식

척도 질문 ①

얼마나 자신 있는지
알고 싶을 때

 얼마나 자신 있나요?

뭐, 그럭저럭 자신 있습니다(얼마나? 어떻게 대답해야 하지).

 최고치를 100퍼센트라고 한다면 이번에는 몇 퍼센트 정도 자신 있나요?

음, 80퍼센트 정도 자신 있습니다.

어느 정도인지 수치로 답하게 하기

당사자만 아는 감각의 정도를 언어로 표현한다는 것은 생각보다 어려운 일입니다. 예를 들어, "얼마나 자신 있나요?"라고 물으면 상대방은 '얼마나? 어떻게 대답해야 하지'라며 난처함을 느낄 수 있습니다. 알맞은 표현 방법이 떠오르지 않아 "그럭저럭 자신 있습니다"라는 모호한 대답을 하기 마련입니다.

'그럭저럭'이라는 대답을 통해서는 얼마나 자신이 있는지 파악하기 어렵습니다. 그러므로 정도를 묻고자 할 때는 척도 질문을 활용해 보세요.

"최고치를 100퍼센트라고 한다면 이번에는 몇 퍼센트 정도 자신 있나요?"라고 물으면 상대방은 "80퍼센트 정도 자신 있습니다"처럼 자신의 상태를 수치로 표현할 수 있기 때문에 대답하기가 훨씬 편해지죠. 질문한 사람 역시 더욱 명확한 답변을 얻게 됩니다.

심리학 키워드

척도 질문

척도 질문이란 척도를 기준으로 정도를 표현하게 하는 질문 형식을 말합니다. 질문을 받은 상대는 자신의 상태가 척도상 어디쯤 자리하는지 생각해 본 다음, 수치로 대답하게 되지요. 어디까지나 주관적인 수치지만, 수치화를 통한 비교 분석이 가능해진다는 장점이 있습니다.

QUESTION 32 · 정보수집 확인 인간관계 대화 사고 인식

척도 질문 ②

진행 상황을 확인하고 싶을 때

✕ 얼마나 했나요?

거의 끝났습니다(사실은 반밖에 못 했는데).

○ 완성도를 10이라 한다면 지금은 몇 정도인가요?

지금은 6 정도입니다.

"거의 끝났습니다"라는 말에 담긴 두 가지 가능성

진행 상황을 물었을 때 상대방이 "거의 끝났습니다"라고 대답했다면 두 가지 가능성을 염두에 두어야 합니다. 첫 번째는 답변대로 거의 마무리 지었을 가능성으로, 말한 그대로의 의미라면 아무런 문제가 없습니다. 하지만 주의해야 할 부분은 또 다른 가능성에 있습니다. 바로 상대가 적당히 얼버무렸을 가능성입니다. 실제로는 아직 반밖에 끝내지 못했는데 어물쩍 넘어갈 생각으로 "거의 끝났습니다"라는 대답을 했을지도 모를 일입니다.

구체화, 비교가 가능한 척도 질문 사용하기

"거의 끝났습니다"라는 대답이 어떤 의미인지 알려면 "거의가 어느 정도야?"라고 연거푸 질문해야 하지요. 그렇다면 또 물어볼 필요 없이 처음부터 척도 질문을 쓰는 편이 좋지 않을까요? "완성도를 10이라 한다면 지금은 몇 정도인가요?"라고 물어 진행 상황을 상세하게 확인해 보세요.

게다가 척도 질문을 정기적으로 활용하면 "이전에는 3이라고 하셨죠? 이번에는 6이니까 꽤 많이 진행됐네요?"라는 질문을 통해 진행 상황의 변화를 수치화하여 비교해 볼 수도 있습니다.

\유용한 질문 모음 ❺/

척도 질문

척도 질문에서 가장 중요한 것은 어떤 상태가 만점인지 상대방이 알기 쉽게 정의하는 것입니다. 상상하기 쉬운 척도를 상대에 따라 알맞게 선택할 수 있다면 질문의 수준은 한 단계 발전하게 됩니다.

얼마나 자신 있나요?

- 최고치를 100퍼센트라고 한다면 지금은 몇 퍼센트인가요?
- 당장 내일부터 실행으로 옮길 자신은 10점 만점에 몇 점인가요?
- 자신감이 전혀 없는 상태를 0, 자신감이 넘치는 상태를 10이라고 한다면 지금은 어느 정도인가요?

얼마나 진행했나요?

- 모두 완료된 상태가 10이라면 지금은 어느 정도인가요?
- 끝낸 상태를 산꼭대기에 오른 것으로 비유한다면 지금은 몇 부 능선쯤에 도달했나요?

얼마나 이해했나요?

- 십 분의 몇 정도 이해했나요?
- 완벽하게 이해한 상태가 10이라면 지금은 어느 정도인가요?
- 최고치가 100퍼센트라면 지금의 이해도는 몇 퍼센트인가요?

지금 기분은 어떤가요?

- 점수로 표현한다면 백 점 만점에 몇 점인가요?
- 최고가 10, 최악이 0일 때, 지금은 어느 정도인가요?

얼마나 해결했나요?

- 마라톤에 비유한다면 지금은 어느 지점인가요?
- 완벽하게 해결한 상태가 10이라면 지금은 어떤 단계인가요?
- 먹구름이 잔뜩 낀 답답한 상태를 0, 먹구름이 말끔히 걷힌 상태를 10이라고 한다면 어느 쪽에 가깝나요?

잘될 것 같나요?

- 잘될 가능성은 몇 퍼센트쯤 된다고 생각하나요?
- 열 개의 계단을 오르는 중이라고 가정한다면 지금 몇 계단까지 올라왔나요?

QUESTION 33 | 정보수집 확인 인간관계 대화 사고 인식

상황 가정 질문 ①

아이디어를 구할 때

 좋은 아이디어 없나요?

……(딱히 없는데 어쩐다).

 만약 아무런 제약이 없다면 무엇을 할 수 있을까요?

아무 제약이 없다면 상금을 거는 것도 좋은 아이디어라고 생각합니다.

제약을 없애 자유로운 발상을 자극하기

회의 자리에서는 종종 "좋은 아이디어 없나요?"라는 질문이 등장합니다. 아이디어를 구할 때 무심코 내뱉기 쉬운 질문이지만, 상대방에게 은근한 압박감을 주어 말하기 어려운 분위기를 조성하기도 하죠.

그 원인은 질문에 담긴 '좋은 아이디어'라는 말에 있습니다. 이 한마디 말이 발언의 문턱을 높이고 말지요. 질문을 받은 이는 무의식중에 모두에게 인정받을 만한 아이디어를 떠올려야만 한다고 생각하게 됩니다. 힘겹게 아이디어를 짜낸다고 해도 인정받을 자신이 없다면 말하기를 망설이게 되지요.

그러므로 자유로운 발상을 자극하고자 할 때는 상황 가정 질문을 해 보세요. 좋은 아이디어라는 조건 대신 아무런 제약이 없다는 전제하에 아이디어를 구하면 틀에 얽매이지 않는 발상이 가능합니다.

> **좀 더 자세히!**
>
> ### 역발상을 자극하는 질문
>
> 발상의 전환이 필요하다면 예상 밖의 질문을 해 보세요. 예를 들어, "무엇을 해야 할까요?"라고 물어도 대답이 없을 때 "무엇을 하지 말아야 할까요?"처럼 반대로 묻는 것도 좋습니다. 평소와는 다른 발상을 하도록 자극하면 획기적인 아이디어가 떠오를지도 모릅니다.

`정보수집` `확인` `인간관계` `대화` `사고` `인식`

상황 가정 질문 ②

무엇을 하고 싶은지 물을 때

 무엇을 하고 싶으세요?

하고 싶은 거요? 어…….

 여유가 생긴다면 어떤 일을 해 보고 싶으세요?

음, 지역 행사에 자원봉사자로 참여해 보고 싶어요.

이상적인 상황을 가정하여 질문하기

"무엇을 하고 싶으세요?"라는 질문에 상대방이 곧바로 대답하지 못한다면 관점을 조금 바꾸어 보도록 도와줄 필요가 있습니다. 마음속에 자리한 '어차피 안된다', '내가 할 수 있을 리가 없다'라는 고정관념을 걷어 내야 하죠.

이럴 때 유효한 질문법이 바로 상황 가정 질문입니다. 예를 들어, "여유가 생긴다면 어떤 일을 해 보고 싶으세요?"라고 묻는다면 발상의 폭이 넓어져 뜻밖의 대답을 들을 수 있을지도 모릅니다. "만약 자유롭게 사용할 수 있는 돈이 있다면", "한 달 휴가를 받는다면" 등 가장 이상적이라고 생각할 만한 상황을 대화 상대에 따라 다르게 가정하여 질문해 보세요.

가정을 현실과 연결하기

상황 가정 질문을 통해 답을 받았다면 "그 꿈을 실현하기 위해 지금 당장 할 수 있는 일이 무엇일까요?"라는 질문을 덧붙여 보세요. 상대방의 내면에 잠재한 소망을 구체적인 목표로 연결할 수 있습니다.

 청크 다운 질문 ①

상대방의 말에서 추상적인 부분을 구체화하고 싶을 때

 소통이 안 된다는 말은 소통이 부족하다는 뜻인가요?

뭐, 비슷한 느낌입니다.

 소통이 안 된다는 말이 어떤 뜻인지 자세히 말씀해 주실 수 있을까요?

제가 하는 말을 상대가 이해하지 못했다고 느낄 때가 있어요.

"자세히 말한다면?"으로 속마음 파악하기

상대방의 말에 추상적인 표현이 있다면 구체화하는 질문을 던져 보세요. 소통이 안 된다는 말만으로는 상대방이 무슨 이야기를 하고 싶은 것인지 알 수 없어 막연하게 느껴질 뿐이니까요. 이럴 때는 "소통이 안 된다는 말이 어떤 뜻인지 자세히 말씀해 주실 수 있을까요?"라고 물어 상대방이 속마음을 드러내도록 합시다. 만약 상대방이 제대로 대답하지 못한다면 "어떤 상황에서 그렇게 느꼈는지 예를 들어 주시겠어요?"라고 덧붙여 보세요.

상대방의 말을 다른 표현으로 바꾸어서 확인해 보는 것도 좋은 방법인데, 이때는 "소통이 부족하다는 뜻인가요?"처럼 큰 덩어리로 묻기보다는 "대화 자체가 많지 않다는 의미인가요?"와 같이 구체적인 말로 바꾸어 확인할 필요가 있습니다.

심리학 키워드

청크 다운 질문

청크란 '하나의 의미를 가지는 말의 덩어리'를 의미합니다. 그리고 그 덩어리를 잘게 나누는 행위를 '청크 다운chunk down'이라 하지요. 청크 다운 질문은 추상적인 말과 모호한 표현을 구체화하는 질문을 의미합니다.

정보수집 확인 인간관계 대화 사고 인식

청크 다운 질문 ②

망설이다가 행동하지 못하는 사람을 응원하고 싶을 때

아무것도 안 하면 그 무엇도 시작되지 않아.

응……(알아, 아는데……).

우선 지금 할 수 있는 일이 뭘까?

인터넷에서 정보를 모으는 것이라면 당장이라도 할 수 있어!

질문의 힘으로 의욕에 불붙이기

새로운 무언가에 도전하고자 할 때, 망설이기만 하다가 끝내 행동으로 옮기지 못하는 사람이 있습니다. '과연 내가 할 수 있을까?'라는 불안과 자신감 부족이 한 걸음을 내딛지 못하게 방해하는 것이지요. 의욕이 생기기까지 시간이 걸리는 사람일 수도 있습니다.

보통은 망설이는 사람의 등을 밀어 주는 방법으로 "힘내"라는 격려의 말을 건네겠지만 질문의 힘을 활용하면 더 효과적으로 용기를 북돋아 줄 수 있습니다. "아무것도 안 하면 그 무엇도 시작되지 않잖아"와 같은 말로 질책하며 격려하자는 것은 물론 아닙니다. 부담 없이 행동에 나설 수 있도록 질문으로 도와주어야 하지요.

지금 당장 할 수 있는 일이 무엇인지 스스로 생각해 보도록 돕기

이럴 때는 지금 당장 할 수 있는 일이 무엇인지 상대방 스스로 고민해 보도록 "일단 지금 할 수 있는 일이 뭘까?"라고 물어봅시다. 그런 다음, '이 정도는 충분히 할 수 있겠다' 싶은 작은 행동부터 시작하도록 권유해 보세요.

아무리 사소한 일이라고 할지라도 일단 행동으로 옮기면 의욕에 불이 붙기 마련입니다. 직접 일으킨 작은 변화야말로 다음을 향한 한 걸음입니다.

\ 유용한 질문 모음 ❻ /
구체화를 위한 청크 다운 질문

상대방의 말에 추상적인 표현이 등장했다면 청크 다운 질문을 통해 구체화해 보세요. 목표가 불분명한 행동도 청크 다운을 거치면 실행에 옮기기 쉬워집니다.

추상적인 말을 구체화하는 청크 다운 질문

- 사례를 하나 든다면요?
- 그건 어떤 이미지인가요?
- 더 쉽게 말해 줄 수 있나요?
- 다른 말로 표현할 수 있을까요?
- 구체적인 예를 들어 줄 수 있나요?
- ○○라는 뜻으로 말한 것이 맞나요?
- ○○이 구체적으로 어떤 상태인 건가요?
- 무슨 뜻인지 자세히 말해 줄래요?
- 예를 들어, 어떤 사례를 들 수 있을까요?
- 어떤 상황에서 그렇게 느꼈는지 예를 들어줄 수 있나요?
- ○○에 관해 조금 더 자세히 설명해 줄 수 있나요?

목표가 확실치 않은 행동을 구체화하는 청크 다운 질문

- 우선 무엇을 바꿀 생각이세요?
- 그럼, 무엇부터 시작해 볼까요?
- 당장 할 수 있는 일은 무엇일까요?
- 구체적으로 어떻게 행동할 건가요?
- 그것을 위해 무엇을 하고 싶으세요?
- 한 달 동안 무슨 일에 집중할 생각인가요?
- 이번 주 안에 할 수 있는 일은 무엇일까요?
- 어떤 행동에 해당하는지 예를 들어줄 수 있나요?
- 그것을 실현하려면 무엇을 해야 한다고 생각하세요?
- 무엇을 하겠다는 것인지 구체적으로 말해 줄 수 있나요?

QUESTION 37 | 정보수집 확인 인간관계 대화 사고 인식
예외 질문 ①

싫어하는 행동을 상대가 반복할 때

❌ 왜 항상 늦는 거죠?

어, 그러니까……
(어떻게 말해야 하지).

⭕ 제시간에 일을 끝마쳤을 때는 평소와 무엇이 달랐다고 생각하세요?

평소보다 준비를 조금
빨리 시작했던 것 같아요.

예외를 만들어 내는 조건 찾기

싫어하는 행동을 상대가 몇 번이고 반복하면 자기도 모르게 "왜 항상 ○○하는 거죠?"라고 이유를 묻게 됩니다. 원인을 분명히 밝혀 해결책을 마련하는 것도 하나의 방법이겠지만, "왜 그러는 거죠?"라며 원인을 추궁하는 데 시간을 쏟는다면 오히려 해결이 더 어려워질 수 있습니다.

애초에 원인을 밝히는 것부터 어려울 때가 있습니다. 당사자 역시 괴로운데도 해결하지 못한 채 같은 행동을 반복하는 것은 본인조차 원인을 모르기 때문이겠죠.

그러므로 시간 또는 기한을 매번 못 지키는 사람에게는 "제시간에 일을 끝마쳤을 때, 평소와 무엇이 달랐다고 생각하세요?"라고 물어보세요. 예외적인 상황에 초점을 맞춘 다음 **항상 늦는 이유**가 아닌 **제시간에 끝냈을 때의 조건**을 찾아 해결책을 세우길 바랍니다.

심리학 키워드

예외 질문

예외란 늘 반복되던 문제가 생기지 않은 상황 또는 문제가 일어나더라도 비교적 괜찮을 때를 가리킵니다. 그리고 "지금껏 그 문제가 일어나지 않은 적이 있나요?", "어떤 상황이 비교적 괜찮을 때인 거죠?" 등 예외를 발견하는 질문을 예외 질문이라고 하죠. 예외를 만드는 조건을 찾아낸다면 해결의 실마리도 보일 것입니다.

정보수집　확인　인간관계　대화　사고　인식

예외 질문 ②

대중 앞에 서길 두려워하는 사람을 상담할 때

 사람들 앞에 서면 쉽게 긴장하는 편인가요?

네, 사람들 앞에서는 항상 긴장돼요.

 사람들 앞에 섰는데도 비교적 덜 긴장한 적이 있나요?
있다면 어떤 순간이었나요?

잠시만요……. 아, 있어요.
팀원들과 함께 프레젠테이션했을 때였어요.

평소와는 다른 순간에 주목하기

"사람들 앞에 서면 쉽게 긴장하는 편인가요?"라고 물으면 상대방은 지난날을 되돌아보기 시작합니다. 그러고는 사람들 앞에 서서 긴장했던 몇몇 순간을 떠올린 다음, 그 기억만으로 항상 긴장했다고 인식하고 말지요.

'항상 그랬었다'라고 믿는 일이라도 그렇지 않았던 순간, 그렇게 흘러가지 않은 순간, 즉 예외가 반드시 존재합니다. 그러므로 "사람들 앞에 섰는데도 비교적 덜 긴장한 적이 있나요?"라고 예외 질문을 던져 보세요.

평소와는 다른 예외적 상황에 해결의 열쇠가 숨어 있을지도 모릅니다. "있다면 어떤 순간이었나요?"라는 열린 질문을 덧붙여 당시의 상황을 차근차근 되돌아보도록 도와주세요.

심리학 키워드

해결 지향형 접근법

해결 지향형 접근법은 단기 해결을 목표로 삼는 단기 치료brief therapy의 대표적 접근법입니다. 해결 중심 접근법solution focused approach이라고도 부르죠. 이 접근법은 원인과 문제를 추궁하기보다는 예외 질문과 같은 독특한 질문들을 활용하여 직접적인 문제 해결을 노립니다.

대처 질문 ①

힘든 일을 겪은 이에게 말을 건넬 때

 그런 일이 있었구나, 많이 힘드셨죠?

네, 그때는 정말 힘들었어요.

 어려움을 어떻게 이겨 내셨나요?

제가 할 수 있는 일들을 차근차근 써 본 다음, 밑져야 본전이라는 마음으로 하나씩 도전했어요.

상대방의 대처 능력에 초점 맞추기

"그런 일이 있었구나, 많이 힘드셨죠?"라고 물으면 상대방은 당연하게도 질문에 대해 답을 하기 시작합니다. 힘들었던 일을 떠올리도록 만드는 질문은 대화 상대가 겪은 어려움에 관하여 자세히 알고 싶을 때 알맞습니다. 반면 "어려움을 어떻게 이겨 내셨나요?"라는 대처 질문은 상대의 대처 능력에 초점을 맞춘 대화를 이어 나갈 때 유효한 질문이지요.

힘들었던 일에 관해 묻기보다는 어떻게 대처했는지 묻는 편이 상대방 입장에서는 한결 마음이 편하지 않을까요? 대처 질문에는 어려움을 이겨 내기 위해 얼마나 많이 노력했는지 간접적으로 인정해 주는 효과도 있습니다.

> **심리학 키워드**
>
> ### 대처 질문
>
> 대처 질문은 영어로 'coping question'이라고 하는데, 여기서 'coping'은 '대처하다', '극복하다'라는 뜻을 지닌 'cope'에서 유래했습니다. 스트레스 관리에서 대처란 보통 스트레스 대처법을 의미합니다. 하지만 단순히 스트레스 관리 차원을 넘어서 스트레스 상황에 자신이 어떻게 대처하는지 되돌아보고 그 속에서 본인의 대처 능력을 깨닫게 도와줄 수도 있습니다. 어려운 일을 현명하게 대처하고 극복해 냈던 지난날의 경험을 이야기하도록 함으로써 말이죠. 그 대화의 계기를 마련해 주는 질문이 바로 대처 질문입니다.

QUESTION 40 　정보수집　확인　인간관계　대화　사고　인식

대처 질문 ②

상대의 의욕을 북돋아 주고 싶을 때

✗ 당신도 할 수 있어요!

네……(무슨 근거로 말하는 걸까).

○ 자신의 한계를 뛰어넘었던 경험이 있나요? 있다면 어떤 상황이었는지 알려 줄래요?

어려운 시험에 합격하고 싶어서 정말 열심히 공부했던 적이 있어요.

과거의 성공 경험을 떠올려 보도록 도와주기

의욕을 북돋아 주고 싶을 때 "당신도 할 수 있어요"라는 말을 많이들 합니다. 하지만 이 한마디로 "좋아, 해 보자!"라며 의욕을 불태우는 사람만 있는 것은 아니지요. 순수하게 받아들이지 못하고 '무슨 근거로 이런 말을 하는 거지?'라고 생각하는 사람도 있습니다.

그런 사람의 의욕을 끌어내고 싶을 때는 과거의 성공 경험을 되돌아볼 수 있도록 질문해 보세요. "혹시 자신의 한계를 뛰어넘었던 경험이 있나요?"라는 대처 질문을 던지면 상대방은 어려운 일을 잘 해결한 경험이나 현명하게 대처했던 경험을 떠올리게 됩니다.

이어서 "어떤 상황이었는지 알려 줄래요?"라는 열린 질문을 덧붙여 그 경험을 말할 수 있도록 도와주세요. 과거의 성공 경험을 이야기하다 보면 긍정의 마음이 싹트고 자신감과 의욕이 자연스레 샘솟게 됩니다. 이때 "이번에도 분명 잘될 거예요"라는 말로 살며시 등을 밀어 주세요.

\유용한 질문 모음 ❼/
자기 효능감을 높이는 질문

과거의 성공 경험이나 노력으로 일궈 낸 성과 등을 이야기하게 하는 질문은 상대방의 자기 효능감을 높여 긍정적인 마음가짐을 갖도록 도와줍니다.

- 가장 몰두했던 일은 무엇인가요?
- 어떤 칭찬을 들었을 때 제일 기뻤나요?
- 지금껏 제일 열심히 했던 것은 무엇인가요?
- 감사 인사를 받고 뿌듯했던 때는 언제인가요?
- 어떤 경험을 통해 자신이 성장했다고 느꼈나요?
- 최선을 다해 노력했던 경험이 있나요?
  있다면 이야기해 줄 수 있을까요?
- 자기 자신을 칭찬해 주고 싶다고 생각한 순간이 있나요?
  있다면 언제였나요?

\ 유용한 질문 모음 ❽ /

대처 질문

상대방이 어려움을 겪고도 최악의 상황을 피할 수 있었다면 이유는 그 사람이 대처 능력, 즉 스스로 문제를 해결할 수 있는 힘을 갖추었기 때문입니다. 그 사실을 스스로 깨달을 수 있도록 대처 질문을 사용해 보세요.

- 어떻게 어려움을 극복했나요?
- 그렇게 어려운 상황에서 어떻게 힘을 냈나요?
- 지금 이렇게 최선을 다하게 된 데에 영향을 준 무언가가 있나요? 있다면 무엇인가요?
- 자신의 한계를 뛰어넘었던 경험이 있나요? 있다면 어떤 상황이었나요?
- 많은 고생 끝에 결국 해낸 일이 있다면 자세히 이야기해 줄 수 있나요?
- 처음에는 무리라고 생각했지만 열심히 노력해서 해냈던 일은 무엇인가요?

 QUESTION 41 | 정보수집 확인 인간관계 대화 사고 인식
객관화하는 질문 ①

상대가 다각적으로 생각하길 바랄 때

 A 님이라면 어떻게 하시겠어요?

어, 그러니까……
(모르겠어, 어떻게 말하지).

 거래처 입장에서 생각해 볼까요?
거래처가 무엇을 원할 것 같으세요?

제가 상대방이라면 바꾼 이유를
자세히 듣고 싶을 것 같아요.

다른 사람의 입장도 생각해 보도록 도와주기

"당신이라면 어떻게 하시겠어요?"라는 질문을 받은 상대는 자신의 관점에서 문제를 바라보게 됩니다. "저라면 ○○ 하겠습니다"라고 바로 대답한다면 아무 문제 없습니다. 그러나 만약 상대가 "어, 그러니까……" 하고 얼버무린 채 고민에 빠진다면 다른 사람의 입장으로 생각해 볼 수 있도록 도와주는 질문을 던질 필요가 있습니다.

예를 들어, "거래처 입장에서 생각해 볼까요? 거래처가 무엇을 원할 것 같으세요?"라고 물어 다른 시점으로 바라볼 수 있게 돕는 것이죠. 지금 자신의 위치에서 잠시 벗어나 나 아닌 다른 사람이 되어 생각해 보면 새로운 깨달음을 얻을 수 있습니다.

상황에 따라 질문을 달리하여 "B 님이라면 어떻게 생각할 것 같으세요?"처럼 상대방이 본보기로 여기거나 존경하는 인물의 시점에서 생각해 볼 수 있게 질문하는 것도 좋은 방법입니다.

심리학 키워드

객관화와 주관화

객관화란 자기 자신을 제삼자 입장에서 바라보는 것을 말합니다. 시점이 외부에 자리한 상태지요. 반대로 외부의 객관적 사실을 자신의 관점으로 바라보는 것은 주관화라고 합니다.

QUESTION 42 | 정보수집 확인 인간관계 대화 사고 인식
객관화하는 질문 ②

상대가 객관적으로 자신을 관찰하길 바랄 때

 지금 자신의 모습을 어떻게 생각하나요?

되는 일은 하나도 없고 전혀 성장하지 못한 것 같아요…….

 신입 시절로 돌아간다면 지금의 자신에게 무슨 말을 건네고 싶은가요?

"금방 포기할 것 같았는데 열심히 노력해서 여기까지 왔구나, 고생했어." 이렇게 말해 주고 싶어요.

시간의 축을 옮겨 지금을 바라보도록 도와주기

"지금 자신의 모습을 어떻게 생각하나요?"라는 질문을 받으면 자신의 부족한 점이나 잘하지 못하는 부분만 떠올리는 사람이 있습니다. 이런 경우에는 일단 상대방이 자신에게서 한 발짝 떨어진 다음 객관적으로 자신을 관찰하도록 도와줄 필요가 있습니다.

객관화 질문을 던져 더 넓고 높은 시점에서 자기 자신을 바라볼 수 있는 기회를 마련해 주세요. 시간의 축을 움직여 과거 또는 미래에서 현재를 관찰하도록 질문하면 시점을 다른 곳으로 옮길 수 있습니다.

예를 들어, "신입 시절로 돌아간다면 지금의 자신에게 무슨 말을 건네고 싶은가요?"라는 질문은 과거의 시점에서 바라본 지금의 자신에 관하여 묻는 것입니다. 신입 시절을 떠올리며 조금이라도 성장했다는 사실을 실감하면 자신의 긍정적인 측면을 깨달을 수 있습니다.

> **좀 더 자세히!**
>
> ### 질문하는 사람도 상대의 입장에서 질문하기
>
> 질문을 받는 상대뿐만 아니라 질문하는 사람도 객관화하는 질문을 사용해 봅시다. 예를 들어, "제가 A 님 입장이라면 ○○이라고 느낄 것 같은데 어떻게 생각하세요?"라고 물으면 상대에게 새로운 관점을 제공해 줄 수 있지요. 더불어 상대방 입장에 서서 함께 고민하고자 하는 마음을 보여 줄 수도 있습니다.

\ 유용한 질문 모음 ❾ /

객관화하는 질문

객관화하는 질문에는 타인의 입장에서 생각하도록 돕는 질문과 시간의 축을 옮겨 생각하도록 돕는 질문이 있습니다.

> **타인의 입장에서 생각하도록 돕는 질문**
>
> - 고객의 시선에는 어떻게 비칠까요?
> - 거래처 입장에서 생각해 볼까요? 거래처가 무엇을 원할 것 같나요?
> - A 님이 존경하는 B 님이라면 이런 상황에서 어떻게 대처할 것 같나요?
> - 만약 B 님이라면 이럴 때 무슨 말을 했을까요?
> - 지금 A 님의 행동을 가족분들이 본다면 심정이 어떨까요?
> - 같은 실수를 동료가 저질렀다면 어떤 생각이 들 것 같으세요?
> - A 님의 소중한 사람이 같은 일을 겪는다면 기분이 어떨 것 같으세요?
> - 만약 A 님이 상대방의 입장이라면 어떤 기분이 들 것 같으세요?

시간의 축을 옮겨 생각하도록 돕는 질문

- 1년 후에 지금 이 사건을 돌아본다면 어떤 느낌일까요?
- 단기간에는 어렵더라도 장기적으로 생각해 보면 어떨까요?
- 신입 시절로 돌아간다면 지금의 자신에게 무슨 말을 건네고 싶은가요?
- 지금 겪고 있는 문제를 10년쯤 지나서 되돌아본다면 어떻게 느껴질까요?
- 미래의 A 님이 지금의 A 님에게 말을 건넨다면 무슨 말을 해 줄 것 같나요?

QUESTION 43 · 정보수집 확인 인간관계 대화 사고 인식

메타포 질문 ①

알아듣게 설명해 주길 바랄 때

그 자리의 분위기가 좋지
않았다고 했잖아.
정확히 어떻게 안 좋았다는 거야?

음, 뭐라 할까……

그 자리의 분위기를
어떤 느낌에 비유할 수 있어?

뒷담화를 하고 있는데
갑자기 당사자가 나타나서 다들
다급하게 입을 다무는 그 느낌이야.

비유를 들어 표현하도록 권하기

상대방이 "그 자리의 분위기가 좋지 않았어"라고 막연한 느낌을 이야기하면 어떤 상황인지 자세하게 듣고 싶어서 "정확히 어떻게 안 좋았다는 거야?"라고 물어보게 됩니다. 하지만 느낌을 말로 정확하게 표현한다는 것은 결코 간단한 일이 아닙니다.

이럴 때는 메타포 질문을 사용해 보세요. "그 자리의 분위기를 어떤 느낌에 비유할 수 있어?"라고 물으면 상대방은 자신의 느낌을 자유롭게 표현할 수 있습니다.

상대방이 "이거다!" 싶은 비유를 떠올리지 못한다면 "○○ 같은 느낌인 거야?"라고 먼저 비유를 들어 질문하는 것도 좋은 방법입니다.

심리학 키워드

메타포

추상적인 현상이나 사물을 쉽게 이해할 수 있도록 다른 현상이나 사물에 빗대어 표현하는 일을 비유라고 합니다. 비유에는 '같이, 처럼, 듯이' 등과 같은 연결어와 결합하여 빗대는 직유 simile와 연결어를 쓰지 않고 비유하는 은유 metaphor 외에도 서로 비슷한 속성을 지닌 사물을 비교하여 빗대는 유추 analogy, 이야기나 그림을 통해 표현하는 우화 allegory가 있습니다.

보통 메타포는 비유의 하위 개념인 은유에 해당하지만, 보통 비유법 전반을 가리키는 말로 쓰일 때가 많습니다.

QUESTION 44 | 정보수집 확인 인간관계 대화 사고 인식

메타포 질문 ②

상대방과 이미지를 공유하고 싶을 때

 그 담당자, 어떤 느낌이었어요?

음, 글쎄요(어떻게 대답해야 하지).

 우리 팀원 중에 그 담당자의 이미지와 가까운 사람이 있나요?

팀 안에서라면 B 씨에 가깝네요.

감각 정보는 비유로 공유하기

감각 정보를 언어로 공유한다는 것은 쉬운 일이 아닙니다. "그 담당자, 어떤 느낌이었어요?"라는 질문을 받은들 감각을 알기 쉽게 말로 표현하기는 어렵지요. 이럴 때는 대화 상대가 다른 누군가(무언가)에 비유해 볼 수 있도록 메타포 질문을 사용하세요. 상대방이 떠올린 이미지를 직관적으로 이해할 수 있게 되고 대화의 흐름도 매끄러워집니다.

비유 대상을 좁힐 수 있도록 질문하기

메타포를 효과적으로 활용하려면 질문하는 사람과 질문 받는 사람 모두에게 익숙한 말을 이용해 비유해야 합니다. 예를 들어, "○○ 애니메이션에 등장하는 캐릭터 ××와 비슷한 이미지예요"라고 해도 해당 애니메이션을 보지 못한 사람은 전혀 알 수 없는 비유에 지나지 않지요. 그러므로 메타포 질문을 할 때는 상대방이 비유 대상을 좁힐 수 있도록 "우리 팀원에 비유한다면"이라고 물어보세요. 질문하는 이와 질문받는 이 모두에게 친숙한 대상 또는 널리 알려진 대상에 빗대면 잘못될 일은 없습니다.

QUESTION 45 | 정보수집 확인 인간관계 대화 사고 인식

리프레이밍 질문 ①

자기 자신을 부정적으로 평가하는 사람에게 말을 건넬 때

그렇지 않아요.

그런가요?
(나는 내가 제일 잘 아는데)

그런 성향이 어떤 상황에서 도움이 될까요?

서류 작업을 할 때는 지나치게 신중한 것도 도움이 될 수 있겠네요.

상황을 리프레이밍하기

대화 상대가 "저는 지나치게 신중해서 안 되는 것 같아요"라고 자기 자신을 부정적으로 평가한다면 "그렇지 않아요"라며 걱정 섞인 위로를 건네기 마련입니다. 그러나 아무리 염려에서 나온 말이라 해도 상대방의 생각을 덮어놓고 부정하는 듯한 인상을 줄 수 있지요.

그러므로 상대방의 말을 부정하지 말고 "A 님은 자신이 지나치게 신중하다고 생각하시는군요"처럼 있는 그대로 받아들여 주세요. 그런 다음 "지나치게 신중한 점이 어떤 상황에서 도움이 될까요?"라고 상황을 리프레이밍하는 질문을 던져 상대방의 특성을 다른 관점으로 다시 바라보도록 도와주세요.

언뜻 단점처럼 보이는 특성이나 행동 경향도 특정 상황에서는 도움이 되기도 합니다. 이 사실을 깨달을 수만 있다면 새로운 자신을 발견하는 계기가 될 것입니다.

심리학 키워드

리프레이밍

리프레이밍 reframing 이란 기존의 가치 평가나 해석을 다른 시점으로 다시 바라보기 위한 기법을 말합니다. 사실을 어떻게 평가하고 해석할지는 관점 또는 인식의 틀(프레임)에 따라 달라지지요. 한 방향으로만 굳어져 있던 인식의 틀에서 벗어나 새롭게 바라보고 이해하고자 할 때 유효한 방법이 리프레이밍입니다.

QUESTION 46 | 정보수집 확인 인간관계 대화 사고 인식
리프레이밍 질문 ②

뜻밖의 사건도 교훈으로 삼기를 바랄 때

 그 경험을 통해 많이 배웠죠?

뭐, 그렇죠.

 그 경험이 무언가를 바꾼 계기가 되었나요?

이제껏 당연하다고 여겨 온 것들을 다시 생각해 보는 계기가 되었어요.

내용을 리프레이밍하기

생각지도 못한 일을 겪은 상대에게 "많이 배웠죠?"라고 물어 그 경험에 긍정의 의미를 부여하는 것 역시 리프레이밍입니다. 다만 경험을 교훈으로 삼으려면 어떤 배움과 깨달음을 얻었는지 스스로 되새겨 볼 필요가 있지요.

그러므로 "그 경험이 무언가를 바꾼 계기가 되었나요?"라고 질문하여 내용을 리프레이밍 할 수 있게 도와주세요. "많이 배웠죠?"라는 질문은 "뭐, 그렇죠"라고 큰 고민 없이 내뱉는 동의의 말과 함께 대화를 끝내 버리고 맙니다.

"많이 배웠죠?"라는 말이 나쁜 표현은 아니지만 한 걸음 더 들어가서 "무엇을 깨달았나요?", "어떤 의미가 있었나요?" 등 무엇을 배웠는지 자세히 물어보는 편이 더 좋습니다.

\ 유용한 질문 모음 ⑩ /

리프레이밍 질문

리프레이밍 질문을 통해 사고의 폭을 넓혀 주면 상대방의 행동과 반응도 달라지기 시작할 것입니다.

상황을 리프레이밍하는 질문

- 그것을 어디에 활용할 수 있을까요?
- 그것이 언제 유용하다고 생각하세요?
- 그것이 어떤 상황에서 도움이 될까요?
- 그렇게 해서 다행이라고 생각한 순간이 언제인가요?

내용을 리프레이밍하는 질문

- 어떤 의미가 있는 경험인가요?
- 그 경험을 통해 얻은 것이 있나요?
- 그 일을 통해 어떤 생각을 가지게 됐나요?
- 그 경험이 무언가를 바꾼 계기가 되었나요?
- 다른 누군가에게 긍정적인 영향을 줄 수는 없을까요?

Chapter

4

소통이 원활해지는 12가지 질문법

소통이 원활해지는 12가지 질문법을 총정리하겠습니다.
일상 회화는 물론 업무상 면접이나 면담, 회의, 부하 직원 또는
후배 지도 육성 등의 상황에서 질문의 기술을 활용하면
평소와는 완전히 다른 소통이 이루어질 것입니다.

METHOD 01

`정보수집` `확인` `인간관계` `대화` `사고` `인식`

가르치지 않고 깨닫게 하는 방법

힌트를 주는 질문하기

✕ 이대로는 안 돼.

죄송합니다······
(또 지적받았어).

○ 지금 이대로 계속하면 앞으로 어떤 일이 생길까?

음······, 아! 다음에 사용할 사람이 힘들지 않게 원래대로 되돌려 놓겠습니다.

지적으로 끝낸다면 그저 질책일 뿐

지적할 때 다른 말 없이 "이대로는 안 돼"라는 한마디만 남기는 사람은 으레 상대방 스스로 무엇이 잘못되었는지 생각해 보길 원합니다. 하지만 스스로 깨닫는 것이 중요하다고 생각해서 한 지적이라고 해도 그 의도가 전해지지 않는다면 상대는 **질책**으로 받아들일 수밖에 없지요.

스스로 깨닫길 바랄 때는 힌트를 주는 질문을 던져 보세요. "지금 이대로 계속하면 앞으로는 어떤 일이 생길까?", "이걸 본 사람이 어떤 느낌을 받을 것 같아?"와 같은 질문을 통해 스스로 생각해 보도록 돕는 것이죠.

질문으로 생각하게 만드느니 "원래대로 돌려놔야 하지 않을까?"라고 직접 지적하는 편이 빠르다고 생각할지도 모릅니다. 그러나 자신의 힘으로 깨닫는 것은 남이 알려 줘서 아는 것보다 훨씬 깊이 각인되고, 결국 행동의 변화로 이어지기 마련입니다.

METHOD 02

정보수집　확인　**인간관계**　대화　사고　인식

상대가 받아들이기 좋은 지시 방법

요청형으로 지시하기

✕ 절대로 혼자 판단하지 마세요.

네(말투가 좀 기분 나쁜걸).

◯ 판단이 필요할 때는 저한테 꼭 물어봐 주시겠어요?

네, 알겠습니다. 반드시 물어보겠습니다.

제한하거나 금지하는 지시는 반발을 부른다

"○○ 하세요."라는 지시는 강압적인 인상을 줍니다. 명령조이기도 해서 직장 상사나 선배처럼 상하 관계가 아닌 이상 듣기에 충분히 거북할 수 있는 말투지요.

그리고 "○○ 하지 마세요" 역시 주의할 필요가 있는 말투입니다. "절대로 혼자 판단하지 마세요"처럼 상대의 행동을 제한하거나 금지하는 말은 어조가 강한 만큼 상대방의 반발을 부르기 쉽습니다.

요구 사항은 요청형으로 말하기

이럴 때는 상대방에게 **제한 또는 금지하는 사항**을 지시하지 말고 **요구 사항**을 요청해 보세요. 예를 들어, "판단이 필요할 때는 저한테 꼭 물어봐 주시겠어요?"라고 말하면 강압적으로 느껴지지 않겠지요.

그뿐 아니라 "○○ 해 주시겠어요?"라는 요청형 문장은 상대를 배려하는 느낌을 주기도 합니다. 같은 내용일지라도 지시가 아닌 요청으로 전달하면 상대가 흔쾌히 받아들일 것입니다.

METHOD 03 | 정보수집 확인 인간관계 대화 사고 인식
효과적인 조언 방법

선택지와 발문으로 조언하기

그럴 때는 딱 잘라 거절해야 해.

그렇겠죠······
(그럼 들은 대로 해 볼까).

거절이라는 선택지도 있는데 어떻게 생각해?

맞네요, 거절이라는
선택지는 생각도 못 했어요.

정답을 가르치려 들지 말기

조언할 때는 자신이 정답이라고 생각하는 것을 말해 주고 싶은 법입니다. 예를 들어, "그럴 때는 딱 잘라 거절해야 해"라며 무엇이 정답인지 가르쳐 주려고 들면 상대는 '그럼 들은 대로 해 볼까'라며 수동적인 태도를 보이게 되지요.

이럴 때는 직접 답을 주는 대신, 선택지 제공과 발문으로 효과적인 조언을 해 보세요. "거절이라는 선택지도 있는데"처럼 조언하고자 하는 내용을 하나의 선택지 형태로 제시한 후, "어떻게 생각해?"라고 발문하여 상대방 스스로 생각하도록 돕는 것이죠.

상대가 조언을 원했다고 할지라도 정답을 가르쳐 주고 끝낼 것이 아니라 "어떻게 생각해?"라고 물어 상대와 함께 고민하려는 자세를 보이면 신뢰 관계를 형성하는 데 도움이 됩니다.

심리학 키워드

발문

묻는 행위 전반을 보통 질문이라 표현하지만, 질문의 사전적 정의는 '알고자 하는 바를 얻기 위해 물음'입니다. 예를 들어, 학생이 선생님에게 모르는 것을 묻는다면 질문이라고 볼 수 있겠지요. 반면 "너는 어떻게 생각해?"처럼 상대가 스스로 답을 찾도록 도와줄 목적으로 묻는 일을 교육 현장에서는 발문이라고 합니다.

METHOD 04

`정보수집` `확인` `인간관계` `대화` `사고` `인식`

상호 존중에 기초한
자기표현, 어서션

이야기하도록 질문하기

✕ 그건 좀 어렵습니다.
이해해 주실 수 없을까요?

……(자기 이야기만
하는 사람이네).

○ 저는 조금 어려울 수도
있다고 보는데 어떻게 생각하세요?

그렇군요, 무슨 말씀인지
이해했습니다. 하지만
저는 이렇게 생각합니다.

질문을 통해 양보하려는 자세 보이기

상대방과 의견이 달라도 어떻게든 합의점을 찾고자 한다면 서로 양보해야 합니다. 하지만 이해받길 바라는 마음이 큰 나머지 자신도 모르게 자기주장만 내세울 때가 있습니다. 이런 상황에서 활용하면 좋은 기법이 바로 어서션assertion입니다. 말끝에 "어떻게 생각하세요?"라는 질문을 덧붙여 상대방에게 발언권을 넘기는 것이지요. 이는 서로의 입장을 존중하면서도 자기 생각을 분명하게 전달하는 '올바른 자기주장'의 형태입니다.

질문을 통해 발언권을 넘겼다면 상대방의 의견을 끝까지 경청해야 합니다. 상대방의 입장을 존중하는 태도를 보이면 호혜성 원리에 따라 상대에게도 양보의 마음이 싹트게 됩니다.

심리학에서는 호혜성을 상대방이 나에게 호의를 베풀었을 때 나 역시 호의를 베풀고자 하는 경향으로 정의합니다. 내 의견에 귀 기울여 주기를 바란다면 상대방이 목소리를 낼 수 있게 질문한 다음, 그 의견에 관심을 보이며 경청해야 합니다.

심리학 키워드

어서션

어서션이란 다른 이를 공격하고 희생양으로 삼는 일 없이 자기 생각과 의견, 기분을 올바르게 표현하는 방법으로, 타인과 대등하면서도 충실한 인간관계를 맺는 기술입니다.

METHOD 05 | 정보수집 확인 인간관계 대화 사고 인식
상대방이 불편하지 않게
부탁하는 방법

말끝이 움츠러든다면 질문하기

 이것 좀 부탁드리고
싶은데요…….

아, 네(그래서 뭐
어쩌라는 걸까?).

 이것 좀 부탁드리고 싶은데……,
괜찮으실까요?

네, 괜찮아요.

말끝을 흐린다면 질문을 덧붙이기

부탁할 때, 일부러 말끝을 흐리며 모호하게 표현하는 것이 상대방을 배려하는 것이라 믿는 사람이 있습니다. 부드러운 말투를 쓰려는 노력이겠지만 말끝을 흐려서 상대방이 내 생각을 알아차리도록 만드는 태도는 오히려 상대방을 불편하게 합니다.

"이것 좀 부탁드리고 싶은데요……"라는 말을 들어도 상대는 "그래서요?"라고 퉁명스레 말하고 싶은 기분이 들겠지요. 속내를 감춘 듯한 인상을 줄 수 있으니 불필요한 오해를 받지 않도록 "이것 좀 부탁드립니다"라고 끝까지 명확하게 말해야 합니다.

만약 버릇처럼 말끝을 흐리는 사람이라면 양해를 구하는 질문을 덧붙여 보세요. 예를 들어, 자기도 모르게 "이것 좀 부탁드리고 싶은데요……"라고 말해 버렸다면 말끝에 "괜찮으실까요?"라고 한마디 덧붙이세요. 또렷하게 말하지 않아도 좋은 인상을 남길 수 있습니다.

METHOD 06 — 정보수집 / 확인 / 인간관계 / 대화 / 사고 / 인식

쌍방향 피드백

행동의 의도가 무엇인지 묻기

✕ 그런 행동은 당장이라도 고치는 게 좋겠어요.

네……(내 딴에는 생각해서 한 건데).

○ 어떤 의도로 그렇게 행동한 건가요? 의도한 결과는 나왔나요?

현장 분위기를 좀 누그러뜨려 보려고 한 행동이었습니다. 하지만 민폐를 끼친 부적절한 행동이었네요.

3단계로 피드백하기

바꾸기를 바라는 행동에 대해 피드백을 한다 해도 상대방이 납득하지 못한다면 효과는 오래가지 못하는 법입니다. 따라서 효과적인 피드백을 위해서는 쌍방향 피드백이 가능하도록 세 가지 단계를 밟아 대화를 이어 나갈 필요가 있습니다.

우선 첫 번째 단계에서는 피드백하고자 하는 행동이 무엇인지부터 확실하게 규정하세요. 언제, 어떤 상황에서 보인 행동이었는지 명확히 밝히면 그 행동이 초래한 결과와 주변에 끼친 영향이 객관적인 사실로 드러나게 됩니다.

두 번째 단계에서는 깨달음을 주는 질문을 던져 보세요. "어떤 의도로 그렇게 행동한 건가요? 의도한 대로 결과가 나왔나요?"와 같은 질문을 통해 상대방의 의도와 실제 결과 사이의 간극을 깨닫도록 도와주세요.

마지막으로 개선책을 조언하세요. 어떻게 하면 더 나아질 수 있을지 함께 묻고 고민한다면 더 좋은 피드백이 가능합니다.

> **심리학 키워드**
>
> ### 긍정형 피드백
> 피드백이란 보통 상대방의 행동을 평가하거나 개선점을 알려 주어 성장하도록 돕는 일을 말합니다. 긍정형 피드백은 상대의 장점을 집중적으로 알려 줌으로써 자기 효능감을 높이는 역할을 합니다.

 **METHOD 07** 정보수집 확인 인간관계 대화 사고 인식
의욕에 불을 지피는 방법

마음이 움직이는 질문하기

 이왕에 시작한 일이니까 끝까지 힘내세요.

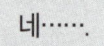 네…….

 어떤 부분에 매력을 느껴서 이 일을 시작하게 되었나요?

사람들이 즐거워하는 모습을 보는 것에 보람을 느껴서 시작하게 되었죠.

마음이야말로 강력한 동기 부여

"힘내세요"라는 격려의 말보다 훨씬 더 효과적으로 상대방의 의욕을 끌어내는 방법이 있습니다. 바로 상대의 마음을 움직이는 질문, 즉 내발적 동기 부여를 일으키는 질문을 하는 것이지요.

"어떤 부분에 매력을 느껴서 이 일을 시작하게 됐나요?"라는 질문은, 얼핏 보기에 동기 부여와 큰 관련이 없어 보일지도 모릅니다. 그러나 이 질문의 목적은 일을 시작했던 순간의 마음가짐을 되돌아보도록 만드는 데 있습니다. 어떤 마음으로 시작했었는지 되새기면 마음이 움직이고, 그 감정이 동기를 강화하는 열쇠가 되지요. 반면 "이왕에 시작한 일이니까 끝까지 힘내세요"라며 행동에 뒤따르는 책임이나 위험을 강조하는 말은 압박감을 주는 행위에 지나지 않습니다.

심리학 키워드

내발적 동기 부여

내발적 동기 부여란 사람의 내면에 자리한 취미나 관심, 지식에 관한 호기심 등으로 행동을 불러일으키는 일을 의미합니다. 행동 자체의 매력과 재미뿐 아니라 보람과 성장 같은 충실감과 만족감도 원동력으로 삼지요. 반면 높은 보수, 훌륭한 평가, 위험 회피 등을 위해 행동하게 만드는 일은 외발적 동기 부여라고 합니다. 단기간에 효과가 드러나기 쉬운 쪽은 외발적 동기 부여지만 의욕을 오래도록 강하게 유지하는 쪽은 내발적 동기 부여입니다. 목적에 따라 두 동기 부여 방법을 적절히 활용해 보길 바랍니다.

 **METHOD 08** 〔정보수집〕〔확인〕〔인간관계〕〔대화〕〔사고〕〔인식〕

자존감에 영향을 주는 인정

배우려는 자세로 질문하기

 대단하네요.

아, 감사합니다.

 어떻게 하면 그렇게 될 수 있어요?

글쎄요, ○○하려고
항상 노력하고 있긴 합니다
(기분 좋은 질문이야).

칭찬 대신 질문으로 인정해 주기

칭찬은 좋은 인간관계를 만드는 최고의 소통법입니다. 하지만 그 중요성을 잘 알면서도 막상 칭찬을 어려워하는 사람이 의외로 많습니다. 그러니 칭찬 대신 질문으로 상대방을 인정해 줍시다.

"어떻게 하면 그렇게 될 수 있어요?", "어쩜 그렇게 잘해요? 비법이 있어요?"라고 상대방이 이루어 낸 일 또는 잘하는 일에 관해 물어보세요. 질문을 받은 이는 분명 어깨를 으쓱이며 기분 좋게 대답할 것입니다. 왜냐하면 "가르쳐 줄 수 없을까요?"라는 뉘앙스가 담긴 질문은 칭찬 이상으로 상대방의 자존감에 큰 영향을 주기 때문입니다.

특히 자신보다 나이가 많고 지위가 높은 사람에게는 모범 답안에 불과한 칭찬보다 배우려는 자세로 질문하는 편이 훨씬 더 좋은 인상을 남길 수 있습니다.

심리학 키워드

인정

상대방의 존재나 행동을 긍정적으로 받아들여 주는 일이 인정입니다. 제대로 인정해 주려면 상대를 꼼꼼히 관찰한 후, 어떻게 인정할지 상황에 따라 다양하게 궁리해야 하지요. 상대방의 무엇을 어떻게 인정할 것인지에 따라 알맞은 방법을 고르는 능력을 갖춘다면 상대방의 마음에 더욱 가까이 다가갈 수 있습니다.

\ 유용한 질문 모음 ⑪ /

내발적 동기 부여를 불러일으키는 질문

사람은 내발적 동기 부여가 이루어졌을 때 진심으로 의욕을 불태웁니다. 상대에게 좋아하는 것, 소중한 것, 두근거리는 것 등에 관해 이야기할 수 있는 질문을 던져 보세요.

- 그 일의 묘미는 무엇인가요?
- 무슨 일을 할 때 가장 즐거우세요?
- 의욕이 생기는 순간은 언제인가요?
- 가장 힘이 나는 순간은 언제인가요?
- 제일 소중히 여기는 것은 무엇인가요?
- 무엇을 할 때 가장 활기차고 생기 넘친다고 느끼나요?
- 어떤 부분에 매력을 느껴서 이 일을 시작하게 됐나요?

\ 유용한 질문 모음 ⑫ /

인정하는 질문

칭찬을 어려워하는 사람일수록 질문으로 인정해 주는 방법을 알아 두는 편이 좋습니다. 배우려는 자세로 질문하면 상대방도 기쁜 마음으로 대답해 줄 것입니다.

- 어떻게 하면 그렇게 될 수 있어요?
- 특별히 신경 쓰는 부분이 있나요?
- 당신처럼 잘할 수 있는 비결이 있을까요?
- 이 수준에 이르기까지 어떤 노력을 해 왔나요?
- 어떻게 하면 이렇게 매력적인 작품을 만들 수 있는 건가요?
- 당신처럼 모두에게 신뢰받는 사람이 되려면 무엇을 명심해야 할까요?

METHOD 09 | 무의식적 편견 방지 대책

`정보수집` `확인` `인간관계` `대화` `사고` `인식`

질문으로 오해 방지하기

✕ 그런 말을 들으면 누구든 화가 날 것 같아.

응? 나 딱히 화낸 적 없는데(그렇게 생각했었구나).

○ 그 말을 들었을 때, 기분이 어땠어?

솔직히 말해서 조금 슬펐어.

감정을 언어화하는 질문하기

위로를 건네고자 "그런 말을 들으면 누구든 화가 나긴 할 것 같아"라고 말했는데 "응? 나 딱히 화낸 적 없는데"라는 대답이 돌아왔습니다. 이렇게 대화가 어긋난 이유는 상대방의 감정을 일반화하여 단정 짓는 무의식적 편견 때문입니다.

기분 좋자고 한 말이라고 해도 한번 대화가 어긋나기 시작하면 걷잡을 수 없이 틀어져 끝내는 찬물을 끼얹은 듯한 분위기가 되고 말죠. 상대는 '그렇게 생각했었구나'라며 놀라는 동시에 '이 사람은 나를 제대로 이해하지 못하네'라고 생각할지도 모릅니다.

이럴 때는 직감이나 판단에만 기대지 말고 상대방이 자신의 기분을 언어화할 수 있도록 질문해 보세요. "그 말을 들었을 때, 기분이 어땠어?"와 같은 질문으로 상대의 감정을 정확하게 이해하면 그 감정에 공감하며 적절한 말을 건넬 수 있습니다.

심리학 키워드

무의식적 편견

무의식적 편견은 알게 모르게 언행에 영향을 주는 고정관념이나 선입견을 의미합니다. '누구나 ○○한다', '○○은 당연하다'라는 생각이 든다면 자신의 마음속에 자리한 무의식적 편견을 알아차릴 기회가 찾아왔다고 볼 수 있습니다.

METHOD 10 　정보수집　확인　인간관계　대화　사고　인식

최적의 답을 끌어내는
논리적 귀결

질문으로 의사결정 돕기

A 사와 B 사 중에 선택해야
한다면 무조건 A 사지.

그렇겠죠……
(A 사만 추천하네).

A 사는 어떨 것 같아?
B 사는 또 어떨까?

A 사에서는 제 경험을 살릴 수
있을 것 같아요. B 사에서는 새로운
도전을 할 수 있을 것 같고요.

생각을 정리해 주는 질문하기

의사결정 과정에서는 당사자의 납득 여부가 그 무엇보다 중요합니다. "A 사와 B 사 중에 선택해야 한다면 무조건 A 사지" 하고 설득하기보다는 상대가 자신의 의지로 선택했다고 여기도록 돕는 편이 훨씬 더 납득하기 쉽겠지요.

그러므로 논리적 귀결 기법을 활용하여 상대방에게 제일 좋은 해법이 도출되도록 질문하세요. 우선 "A 사는 어떨 것 같아?"라고 물어 A 사를 선택했을 때의 결과를 예상해 보게 합니다. 그런 다음 "B 사는 또 어떨까?"라고 물어 B 사를 선택했을 때의 결과도 예상해 보도록 도와주세요.

애초에 어느 쪽이 정답일지는 아무도 모릅니다. 그렇기에 더더욱 당사자가 받아들일 수 있는 선택이 이루어져야 합니다. 각 선택의 장점 및 단점(문제점, 위험 요소, 불안 요소 등)을 정리해 주는 질문이 최선의 도움일 것입니다.

심리학 키워드

논리적 귀결

논리적 귀결이란 특정 방법을 선택할 경우 어떤 결과가 발생할지 상대방이 스스로 예측하게 하는 기법입니다. 선택지가 여러 개일 때, 각 선택에 따른 결과를 당사자가 직접 고민해 보고 장단점을 비교하여 판단할 수 있게 돕습니다. 논리적 귀결 기법은 상담 현장에서 의사결정 지원을 위해 널리 활용되는 질문법입니다.

\유용한 질문 모음 ⑬/

의사결정을 돕는 질문

여러 선택지 가운데 하나를 골라야 하는 상황에서는 선택에 따른 장단점(이익 또는 불이익)을 생각할 수 있도록 질문하는 것이 좋습니다.

A와 B 가운데 고민 중일 때

1단계 A를 선택했을 경우 발생할 결과를 예상하도록 돕는 질문
- 만약 A를 선택한다면 어떻게 될까요?
- A를 선택했을 때의 장단점은 무엇인가요?
- A를 선택한다면 어떤 일이 일어날 거라고 생각하세요?

2단계 B를 선택했을 경우 발생할 결과를 예상하도록 돕는 질문
- 만약 B를 선택한다면 어떻게 될까요?
- B를 선택했을 때의 장단점은 무엇인가요?
- B를 선택한다면 어떤 일이 일어날 거라고 생각하세요?

3단계 선택을 돕는 질문
- 어떻게 생각하세요?
- A의 장점과 B의 장점 중에 무엇이 더 마음에 드세요?
- A의 단점과 B의 단점 중에 어떤 점이 더 신경 쓰이나요?

실행할까 말까 고민 중일 때

1단계 실행했을 경우 발생할 결과를 예상하도록 돕는 질문

- 실행하면 어떻게 될까요?
- 실행했을 때의 장단점은 무엇인가요?
- 실행한다면 무슨 일이 일어날 거라고 생각하세요?

2단계 실행하지 않았을 경우 발생할 결과를 예상하도록 돕는 질문

- 실행하지 않으면 어떻게 될까요?
- 실행하지 않았을 때의 장단점은 무엇인가요?
- 실행하지 않는다면 무슨 일이 일어날 거라고 생각하세요?

3단계 선택을 돕는 질문

- 어떻게 생각하세요?
- 선택으로 얻게 될 이익 가운데 어느 쪽이 더 끌리세요?
- 선택으로 받게 될 불이익 가운데 어느 쪽을 더 피하고 싶으세요?

 **METHOD 11** | 정보수집 확인 인간관계 대화 사고 인식

성장을 돕는 성찰

자기 자신을 되돌아보도록 질문하기

✕ 다음에는 같은 실수를 반복하지 않도록 해 주세요.

 네……(아무튼 실수하지 않게 조심하자).

○ 그 경험을 통해 무엇을 배우셨어요?

 혼자서 다 책임지려 하지 말고 주변에 도움을 요청해야 한다는 것을 깨달았습니다.

경험을 통해 배운 것을 실천으로 옮기기

"다음에는 같은 실수를 반복하지 않도록 해 주세요"라는 말에는 실수한 경험을 살려 다음에는 잘하길 바라는 마음이 담겨 있습니다. 하지만 실수를 의미 있는 경험이자 배움으로 승화시킬 수 있는 사람은 그리 많지 않지요.

경험을 통해 배우려면 무엇보다 성찰이 중요합니다. 상대방이 실수했을 때뿐만 아니라 성공했을 때도 "그 경험을 통해 무엇을 배우셨어요?"와 같이 자신을 되돌아보게 만드는 질문을 던져 보세요.

성찰한다 해도 다음 기회가 찾아왔을 때 그 경험을 살릴 수 없다면 경험을 통해 배웠다고 보기 어렵습니다. 실천 가능한 배움을 위해서는 "다음에 활용해 볼 수 있겠다 싶은 것은 무엇인가요?"라는 질문을 덧붙이는 것도 좋은 방법입니다.

> **심리학 키워드**
>
> **성찰**
>
> 성찰이란 자신의 내면, 행동, 사고방식 등을 객관적으로 살펴보는 것을 말합니다. 내면을 돌이켜보는 것에 무게 중심을 둔다면 반성에 가깝고, 반성에서 그치지 않고 경험으로 삼으려 한다면 성찰에 가깝습니다. 또 반성은 자신의 잘못된 언행을 돌이켜보는 것이고, 성찰은 잘못한 일은 물론 잘한 일도 객관적 시선으로 되돌아보는 행위입니다.

METHOD 12

`정보수집` `확인` `인간관계` `대화` `사고` `인식`

나 자신에게 던지는
질문의 잠재력

나 자신에게 던지는 질문으로 생각의 방향 정하기

왜 경험도 없는 나한테 이런 일을 시키는 걸까?

해 본 적도 없는데 내가
할 수 있을 리가 없잖아!

아무런 경험이 없는 나도 할 수 있는 방법이 없을까?

일단 경험이 있는
사람에게 물어보자!

나 자신에게 질문의 힘 사용하기

우리는 아침에 일어나 '아침밥은 뭘 먹지?', '오늘은 어떤 옷을 입을까?'라는 생각으로 시작해서 늦은 밤에 잠이 몰려와 '슬슬 잘까?', '내일은 몇 시에 일어날까?'라고 생각하기까지, 자기 자신에게 수많은 질문을 던져 가며 선택하고 행동합니다.

질문의 힘은 질문받은 이를 긍정적으로 만들기도 하고 부정적으로 만들기도 합니다. 스스로에게 질문을 할 때도, 어떤 질문을 던지느냐에 따라 사고방식은 물론이고 도출되는 답도 달라지기 마련이지요.

예를 들어, '왜 경험도 없는 나한테 이런 일을 시키는 걸까?'라는 질문은 부정적 사고를 유도합니다. 반면 '아무런 경험이 없는 나도 할 수 있는 방법이 없을까?'라고 물으면 긍정적인 사고로 이어지게 됩니다.

심리학 키워드

나 자신에게 던지는 질문

영국 케임브리지대학교 바바라 사하키안 교수의 연구에 따르면 우리는 하루에 최대 3만 5천 번 질문을 던져 어떻게 행동할지 결정한다고 합니다. 이처럼 일상생활은 물론이고 업무와 관련된 일에서부터 작은 신체 동작에 이르기까지, 우리는 하루 종일 나 자신에게 수도 없이 많은 질문을 합니다.

Chapter

5

질문력을 키우는 7가지 핵심 비법

마지막으로 질문할 때 명심해야 할 핵심 사항을
정리해 보겠습니다.
제아무리 현란한 기술을 구사하더라도 일방적으로 질문하고
대답만을 요구한다면 뛰어난 질문력을 갖추었다고 보기 어렵겠죠.
질문력이란 현재 상황과 대화 상대와의 관계성에 따라
알맞게 질문하는 능력을 말합니다.
다음 7가지 핵심을 마음에 새겨 질문력을 한 단계 발전시켜 봅시다.

PONIT 01
한 번에 한 개씩 질문하기

연달아 질문하지 말기

상대방에게서 정보를 얻고 싶을 때, 묻는 쪽이 조급해지면 자기도 모르게 연달아 질문을 쏟아내기 쉽습니다. 하지만 상대방의 답변이 끝나기도 전에 "그 말은 ○○이라는 뜻인가요?"라고 연이어 물으면 상대방은 어떻게 답해야 할지 몰라 혼란을 느끼게 됩니다.

상대방의 속도를 배려하지 않고 추궁하듯 계속 질문하면 대화 자체가 뒤죽박죽될 위험이 있습니다. 질문한 사람은 효율적인 대화라고 생각할지 모르지만 실제로는 상대방을 꿔다 놓은 보릿자루 취급하는 것이나 다름이 없죠. **질문했다면 상대방의 대답을 끝까지 들어주는 것**이 기본입니다. 명심하세요. 다음 질문은 대답을 들은 후에 합시다.

이중 질문 피하기

한 번에 한 개씩 질문하라는 것은 단순히 질문 횟수에 관한 이야기가 아닙니다. 언뜻 보면 한 가지를 묻는 듯하지만, 사실은 두 가지를 묻는 질문이 존재하기 때문이죠.

"통근 수단으로 전철이나 버스를 이용하시나요?"

이 질문 하나로 전철 이용과 버스 이용이라는 두 가지 정보를 동시에 묻고 있습니다. 상대가 "네"라고 대답할 경우, 전철을 이용하는지 버스를 이용하는지 아니면 둘 다 이용하는지 명확하게 알 수 없습니다. 이런 질문을 이중 질문이라고 합니다.

욕심내서 한 번에 이것저것 묻지 말고 질문 하나당 한 가지 정보만 물어봅시다. "통근 수단으로 전철을 이용하시나요?"라고 묻고 그에 대한 답을 들은 다음, "다른 교통수단도 이용하시나요?" 하고 순차적으로 질문하면 원활한 대화가 이루어질 것입니다.

심리학 키워드

이중 질문

이중 질문은 더블 배럴 질문 double-barreled question 이라고도 합니다. 더블 배럴은 동시에 두 발의 총알을 발사하는 총으로, 여기서 유래한 이중 질문은 한 문장으로 두 가지 정보를 묻는 형태를 말합니다.

일상 대화뿐만 아니라 설문조사에서도 이중 질문은 피해야 합니다. 예컨대 "식사와 수면은 충분합니까?"라는 질문에 '예' 또는 '아니오'라는 선택지밖에 없다면 '식사는 충분하지만, 수면은 불충분한 사람'은 어느 쪽도 고를 수 없어 결국 선택하지 않고 넘어갈 가능성이 높습니다.

PONIT
02
짧고 간단하게 질문하기

한 번에 이해되는 질문이 가장 이상적

질문은 짧고 간단할수록 좋습니다. 자신의 의견과 상황 설명은 되도록 자제하고 궁금한 점만 간결하게 질문하세요. **상대방이 한 번 듣고 바로 이해할 수 있는 질문이 가장 이상적인 질문**입니다.

예를 들어, 장황하게 설명한 후 그 연장선상에서 "○○하는 상황인데, 어떻게 생각하세요?" 하고 물으면 상대방은 정확히 무엇을 묻는지 몰라 헷갈릴 수밖에 없습니다. 질문이 어디서부터가 시작된 것인지 불분명한 탓에 "죄송합니다. 한 번만 더 말씀해 주시겠어요?"라고 되묻게 되죠.

문장을 지나치게 줄이면 오히려 역효과

'짧고 간단한 질문'은 분명 중요하지만, 그렇다고 해서 문장을 지나치게 생략하면 질문의 의도를 파악하기 어렵습니다. 대답하는 데 필요한 정보까지 생략해 버리면, 본말이 전도되는 셈입니다.

예를 들어, 뜬금없이 "요즘 어때요?"라는 질문을 받으면 상대방은 '뭐가 어떠냐는 걸까?'라며 당황하기 쉽습니다. 왜냐하면 이 질문은 인사 대신 건네기도 하지만 일이 바쁘지는 않은지, 몸은 건강한지 등 구체적으로 물을 때도 사용하기 때문이죠. 그저 막연하게 "어때요?"라고 묻는다면 상대방은 질문의 의도를 알 수 없어 혼란스러울 뿐입니다.

질문으로 인사를 대신하고자 한다면 '네' 또는 '아니오'로 대답이 가능하도록 닫힌 질문을 사용해야 상대방에게 부담을 주지 않습니다. 그리고 정보를 얻고자 할 때는 "한동안 꽤 바쁘셨죠? 요즘에는 좀 어떠세요?"처럼 전제가 달린 질문을 던져야 질문의 의도가 자연스럽게 전해집니다. 간결하면서도 대답하기 곤란하지 않은 질문을 하려면 **무엇을 알고 싶은지 명확하게 밝히는 것**이 핵심입니다.

> **좀 더 자세히!**
>
> ### 부정 의문문과 이중 부정문으로 질문하지 말기
> 부정 의문문과 이중 부정문 형태의 질문은 상대방을 헷갈리게 만들 수 있으므로 주의해야 합니다. "그곳에 간 적이 없나요?"라는 부정 의문문보다 "그곳에 간 적이 있나요?"라는 긍정 의문문이 훨씬 이해하기 쉽습니다.
> 또 "하고 싶지 않다고 생각한 적은 없나요?"라는 이중 부정문은 "하고 싶지 않은 때가 있었나요?"라는 질문으로 바꿔 주는 편이 혼란을 방지할 수 있습니다.

PONIT 03
자세히 질문하기

모호한 표현은 해석하기 나름

질문할 때는 되도록 구체적인 표현을 사용해야 합니다. 얻어 낼 수 있는 정보가 크게 달라지기 때문이죠. 예를 들어, "그건 자주 있는 일인가요?"라는 질문과 "그건 일주일에 몇 번 정도 있는 일인가요?"처럼 수치로 답을 요구하는 질문은 언뜻 같은 내용을 물어보는 듯해도 사실은 매우 다릅니다.

전자의 질문에 상대방이 "네" 하고 대답한들 얼마나 자주 있는 일인지 알 수 없지요. 반면 후자처럼 수치를 기준으로 물으면 상대도 "일주일에 한두 번 정도요"라고 자세하게 대답할 수 있습니다.

애초에 '자주'라는 표현 자체가 해석하기 나름입니다. 매일같이 일어나는 상태를 생각하는 사람도 있을 것이고, 주에 한 번 정도만 일어나도 자주 있는 일이라고 여기는 사람도 있겠죠. 질문한 사람이 매일 일어나는 일인지 알고 싶어서 "자주 있는 일인가요?"라고 물었어도, 상대방이 어떤 의미로 해석해서 "네"라고 대답했는지는 알 방법이 없습니다.

숫자와 수치로 질문하기

'자주'처럼 의미가 분명하지 않고 사람에 따라 해석이 달라지는 모호한 표현에는 '그', '이것', '어디', '무엇' 등의 지시 대명사도 포함될 수 있습니다.

모호한 표현을 사용해서 질문하면 의도와 내용을 정확하게 전달하기 어렵습니다. 예를 들어, "빨리할 수 있겠어요?"라고 물었을 때, 질문한 이의 '**빨리**'와 질문받은 이의 '**빨리**'가 일치하리라고 단정 지을 수는 없죠. **어긋남을 막고 오해를 방지하기 위해서라도 평소에도 숫자와 수치를 활용해 질문할 수 있도록 항상 유의해야 합니다.**

예를 들어, "1시간 이내로 끝낼 수 있겠어요?", "오후 3시까지 가능할까요?"처럼 명확한 시간을 제시하거나 "몇 시간 정도 걸릴 것 같아요?"처럼 예상 소요 시간을 물으면 정확한 정보를 공유할 수 있습니다.

매일 사용하는 모호한 표현

양	조금, 많이, 넉넉히, 꽤, 다소
크기	큼직하다, 조그마하다, 길쭉하다, 짤막하다, 높다랗다, 나지막하다
시간	빨리, 잠깐, 곧, 나중에, 때때로
정도	그럭저럭, 그냥저냥, 꽤, 제법
지시 대명사	이거, 그거, 저거, 무엇

PONIT 04
대답하고 싶어지도록 한마디 덧붙이기

대답하는 이를 늘 배려하기

누구든 질문을 받으면 대답하고 싶어 합니다. 회담이나 회의 자리에서뿐만 아니라 일상적인 잡담을 나눌 때도 일단 질문을 받으면 무언가 답하려 하죠. 그렇기 때문에 질문하는 쪽은 상대방의 답을 끌어내기 위한 배려와 노력을 소홀히 하기 쉽습니다.

보통은 특별한 노력을 하지 않아도 질문을 던지면 대답이 돌아옵니다. 어떤 식으로 물어보든 질문에는 반드시 대답해야만 한다는 심리가 작동하기 때문입니다. 대답하기 조금 곤란한 질문조차도 스트레스를 받아 가며 대답하는 것이죠.

질문에 앞서 상대방의 존재를 인정해 주기

그러므로 질문할 때는 상대방이 적극적으로 대답하고 싶어지도록 한마디 말을 더해 봅시다. 대답하는 사람의 입장이 되어 짧게 덧붙이는 것만으로도 상대방의 반응이 크게 달라집니다.

예를 들어, 면접이나 면담을 시작할 때 상대방의 존재를 인정해 주고자 건네는 말들을 꼽을 수 있겠습니다. "오늘 잘 부탁드립니다", "시간 내주셔서 감사합니다"처럼 **마음을 담은 인사나 감사의 말** 한마디로도 상대에 대한 존중과 호의를 표현할 수 있습니다. 그러면 호혜성의 원리에 따라 상대방 역시 성의 있게 대답하고자 하는 마음이 생깁니다.

반대로 빨리 본론으로 들어가려고 서두른 나머지 무성의하게 인사하면 상대방을 무시하는 듯한 인상을 주기 쉽습니다. 면접이나 면담을 하는데 시작부터 썩 유쾌하지 않은 분위기를 연출한다면 상대는 마음 편히 대답하기 어렵겠죠.

심리적 안정성을 높이는 한마디

대화 중에도 상대가 심리적 안정감을 느낄 수 있도록 의식적으로 배려의 표현을 사용합시다. 심리적 안정성이란 자신의 기분과 생각을 안심하고 이야기할 수 있는 상태를 이릅니다.

질문에 앞서 "목표 달성을 위해 많이 노력하고 계시네요"라는 칭찬의 말, "이렇게 하루도 빠짐없이 하는 건 쉬운 일이 아니죠. 많이 힘드시죠?"라는 위로의 말을 한마디 건네면 상대는 마음을 열고 안심하게 됩니다.

POINT 05
예비지식으로 레벨 업

모르면 물어보기

초면인 상대와는 무슨 이야기를 나누어야 좋을지 몰라 서로 탐색하듯 대화를 시작하곤 하죠. 이때야말로 질문을 활용해 긴장을 풀고 자연스러운 대화로 이끌 기회입니다.

대화 상대가 어떤 사람인지 또 취미나 관심사는 무엇인지 알지 못하면 화제를 찾지 못해 대화를 매끄럽게 이어 가기 어렵다고 느끼게 됩니다. 하지만 오히려 모르면 모를수록 질문거리는 많아집니다. **상대에 관한 지식이 충분치 않아도 필요한 정보는 상대에게 직접 물어보면 알 수 있습니다.**

예비지식으로 질문 준비하기

면접이나 면담처럼 상대방에게 깊은 사고를 요구하거나 깨달음을 이끌어 내야 할 상황이라면, 상대에 관한 예비지식이 필요합니다. 상대방과 상대방이 처한 상황 외에도 이야기할 주제에 관한 사전 지식을 갖추면 한 걸음 다가서는 질문을 던질 수 있죠.

일상적인 대화에서는 모르면 물어보는 것도 의사소통 방법 중 하나지만, 면접이나 면담 자리에서 똑같이 행동하면 **준비 부족** 또는 **공부 부족**이라는 인상을 주기 십상입니다.

또 예비지식을 얼마나 갖추었느냐에 따라 질문의 수준이 달라집니다. 제대로 된 지식을 갖추지 못해 계속 핵심에서 벗어난 질문만 던지면 상대방의 마음에는 불안과 불신이 싹틀 것입니다. **면접이나 면담에서의 질문력을 향상시키려면 핵심을 찌르는 정확한 질문을 할 수 있도록 충분한 예비지식을 쌓아야 합니다.**

심리학 키워드

선입견과 확증 편향

선입견이란 기존의 경험과 예비지식으로 말미암아 마음속에 형성된 고정 관념을 말합니다. 예를 들어, 누군가를 직접 만나 보기도 전에 미리 얻은 정보를 통해 마음속에 자리 잡은 인상 역시 선입견이라고 할 수 있습니다. "선입견을 갖지 말자"라는 말을 많이들 하지만, 선입견이 꼭 나쁘다고만 볼 수는 없습니다. 선입견이 있기에 마음의 준비를 할 수 있고, 알맞은 판단과 대응을 할 수 있기 때문이죠.

하지만 인지 편향의 일종인 확증 편향이 발동하면 무의식중에 선입견에 부합하는 정보만 모으려는 경향이 생깁니다. 선입견에 맞지 않는 정보는 거들떠보지 않거나 받아들이려 하지 않기 때문에 주의가 필요합니다.

PONIT 06

상대에게 생각할 시간 주기

대답에도 시간이 필요하다

질문을 받은 상대방이 "음, 그렇네요"라는 말과 함께 갑자기 말을 멈출 때가 있습니다. 이런 상황을 마주하면 왜 이러나 싶어 불안해하는 사람도 있고, 대답이 늦어 울컥 짜증이 치미는 사람도 있겠죠.

그러나 일단 질문했다면 대답할 시간을 충분히 보장해 주어야 합니다. **특히나 열린 질문은 답하는 데 시간이 걸립니다.**

예를 들어, "어떻게 하고 싶으세요?"라는 질문을 했다면 상대방의 머릿속에서는 대답 전까지 다양한 사고 과정이 일어납니다. 우선 자신이 어떻게 하고 싶은지 되짚어 보고, 생각과 감정을 정리합니다. 그런 다음 무엇을 어떻게 대답할지 고민하며 알맞은 말과 표현을 찾죠. 이처럼 열린 질문에 대답하려면 많든 적든 생각을 정리하고 말로 표현하는 데 시간을 들여야 합니다.

차분히 상대방의 대답을 기다려 주기

대화에서 침묵은 생각을 정리할 시간이자 표현을 가다듬을 기회입니다. 그러므로 질문 후에 바로 대답이 나오지 않더라도 초조해하지 말고 상대방의 말을 기다리세요. 틈을 주지 않고 답을 재촉하면 상대방이 당황한 나머지 속마음과는 전혀 다른 말을 할지도 모릅니다.

특히 면접이나 면담 자리에서는 상대가 곧바로 대답할 수 있는 질문을 적절히 던지며 문답을 주고받는 한편, 천천히 생각하고 답하길 바라는 질문에는 충분한 시간을 주도록 합시다.

> **좀 더 자세히!**
>
> **긴 침묵에 대처하는 방법**
>
> 침묵을 활용하자고 이야기했지만, 상대가 질문에 답하지 않고 오래도록 아무 말도 하지 않는다면 분위기가 무거워질 뿐 아니라 대화를 이어 나갈 수도 없습니다. 그러므로 지나치게 긴 침묵에는 적절한 타이밍에 개입하는 것이 좋습니다.
>
> 가장 먼저 시도해 볼만한 방법은 질문을 다른 말로 바꾸는 것입니다. 질문 방법이나 표현을 달리하면 상대방이 대답하기 쉬워지는 경우도 있죠. 그래도 여전히 대답을 망설인다면 "지금 무슨 생각을 하고 있나요?"라고 물어보세요. 상대방이 어떤 답을 하든 그 말을 화젯거리 삼아 대화를 끌어갈 수 있습니다.

PONIT 07
질문했다면 경청하기

듣기 · 경청하기 · 묻기

이야기를 듣는 방법은 크게 '듣기', '경청하기', '묻기' 세 가지로 나눌 수 있습니다. 첫 번째 '듣기'는 영어 'hear'에 해당하며 자연스럽게 소리나 목소리가 귀로 들어오는 상태를 말합니다. 두 번째 '경청하기'는 'listen'에 가까운 말로 주의 깊게 귀 기울여 듣는 태도를 말하죠. '듣기'가 수동적으로 소리를 받아들이기만 하는 느낌이라면, '경청하기'는 온 신경을 집중해서 듣는 적극적인 느낌이라고 볼 수 있습니다.

그리고 세 번째 '묻기'는 'inquire' 또는 'ask'에 해당하며 알고자 하는 정보를 상대에게서 끌어내어 듣는 방법을 가리킵니다.

'질문했다면 경청하기'는 상대방에게 무언가 물었다면 **상대방의 말에 귀를 기울이자**는 뜻입니다. 제아무리 뛰어난 질문 기술을 구사한다 해도, 상대의 말을 수동적으로 '듣기'만 해서는 많은 정보를 얻어 낼 수 없습니다.

질문에 책임지기

경청하기를 실천하려면 자신이 던진 질문이 어떤 답을 끌어내는지에 관심을 가져야 합니다. 대답의 내용은 물론이고, 질문의 의도가 제대로 전달되었는지까지도 세심하게 주의를 기울이다 보면 자연스레 상대방의 말을 귀담아듣게 되죠. 따라서 경청은 자신이 던진 질문에 책임지는 자세라고도 할 수 있습니다.

집중해서 듣다 보면 상대방의 대답 속에서 궁금한 점이나 알고 싶은 것들이 차례차례 떠오릅니다. **이것이 곧 깊이 있는 대화를 만드는 질문이 되고 주의 깊게 경청하기로 이어집니다.**

또 집중해서 듣기 때문에 상대에게서 얻어 낼 수 있는 정보도 많아집니다. 질문했을 때 보여 준 반응과 대답하기까지 걸린 시간 그리고 대답하는 순간의 표정과 목소리 등 비언어 신호가 주는 정보도 확실하게 알아차려야 합니다.

다음 페이지에 '듣기 태도 점검표'가 있습니다. 이를 통해 여러분이 평소에 어떤 방식으로 상대방의 이야기를 듣는지 되돌아보고 점검해 봅시다.

듣기 태도 점검표

여러분의 듣기 태도를 확인해 봅시다. 자신의 평소 모습을 떠올리며 해당하는 항목에 ✓ 표시해 주세요.

- [ ] 1. 시간이 아까워 인사 후 곧바로 본론을 말한다.
- [ ] 2. 듣고 싶은 말이나 하고 싶은 말이 있다면 상대방의 말을 끊고 끼어든다.
- [ ] 3. 대화 중 참지 못하고 "나라면 말이야"라고 의견을 말하거나 "나도 그런 적 있어"라며 경험담을 이야기한다.
- [ ] 4. 버릇처럼 "응", "그래"라고 대꾸한다.
- [ ] 5. 대화에 집중하지 않고 딴청을 부리거나 한 귀로 흘려들을 때가 많다.
- [ ] 6. 상대방의 말에 동의하지 못할 때, 감정이 얼굴에 쉽게 드러난다.
- [ ] 7. "그래서?", "결론은?"이라며 상대방을 재촉한다.
- [ ] 8. 대화 중의 침묵이 어색하고 분위기가 불편해질 것 같아 두렵다.

이 점검표는 여러분의 듣기 태도를 돌아보는 도구입니다. 스스로 주의 깊게 경청하고 있다고 생각할지라도 위와 같은 습관이 있다면 대화 상대의 마음에 불안과 불만이 싹틀지도 모릅니다.

표시한 항목이 있다면 다음 쪽에서 이어지는 개선 방법을 참고해 보세요. 더 잘 듣는 법에 대한 힌트를 얻을 수 있을 것입니다.

심리학 키워드

블로킹

경청하려고 해도 듣는 이의 머릿속에 떠오르는 잡생각 때문에 방해받는 현상을 블로킹blocking이라고 합니다. 예를 들어, 상대방의 이야기를 듣는 도중 '나도 같은 일이 있었는데', '그럴 때는 ○○하면 되잖아'처럼 자신의 경험이나 생각이 떠오르는 현상이 블로킹입니다. 이런 생각이 뇌리를 스치는 순간, 집중력이 뚝 떨어져 경청할 수 없게 되죠. 심지어 내 경험도 이야기하고 싶고 지금 당장 조언해 주고 싶은 마음이 앞서 상대방의 말을 끊고 끼어들기도 합니다. 블로킹은 눈 깜짝할 사이에 일어나기 때문에 딴생각하는 자신을 발견한다면 곧바로 눈앞의 대화 상대에게 집중해야 합니다.

듣는 태도별 주의점과 개선 방법

1번에 ✓ → 상대방을 긴장하게 만드는 태도

본론으로 들어가기 전에 긴장을 풀어 줄 수 있는 질문을 던져 보세요. 간단한 인사 후 한마디 덧붙이는 것만으로도 대화의 흐름이 부드러워지고, 원활한 의사소통에 도움이 됩니다.

2번에 ✓ → 상대방의 말을 끊는 태도

상대방이 말하는 동안에는 되도록 말을 끊지 말고 끝까지 들어 주세요. 질문이나 의견 제시는 상대방의 이야기를 모두 들은 뒤에 해도 늦지 않습니다.

3번에 ✓ → 상대방이 말할 때 불쑥 끼어드는 태도

상대를 도와주고 싶은 마음이 강한 사람일수록 이런 태도를 보일 확률이 높습니다. 하지만 아무리 귀중한 의견이나 정보를 가지고 있다고 해도 지금 당장 상대방에게 필요한 것인지부터 신중하게 고민해야 합니다.

4번에 ✓ → 상대방을 불안하게 만드는 태도

이야기를 들을 때는 고개를 끄덕이며 "아하", "그렇구나"처럼 적절하게 맞장구를 쳐 주세요. "그래서 어떻게 되었나요?"와 같은 질문을 곁들이면 상대방의 이야기에 관심이 있다는 것을 보여 줄 수 있습니다.

5번에 ✓ → 상대방의 말할 의욕을 떨어뜨리는 태도

딴청을 피우며 듣기보다 최악인 행동은 없습니다. 만약 메모하며 들을 때처럼 다른 작업을 하면서 들을 수밖에 없는 상황이라면, 고개를 끄덕이거나 눈을 맞추는 등 "잘 듣고 있다"라는 신호를 보내 주어야 합니다.

6번에 ✓ → 상대방이 마음의 벽을 세우게 만드는 태도

표정은 말보다 강한 메시지를 전달합니다. 아무런 말을 하지 않아도 무의식중에 표정에서 부정적 감정이 드러날 수도 있습니다.

7번에 ✓ → 대화를 주도하려 드는 태도

여러분의 페이스로 대화를 이끌며 알고 싶은 것만 듣고자 한다면 대화를 주도하려 든다는 인상을 줄 수 있습니다. "그래서?", "결론이 뭔데?"라고 재촉하기 전에 상대방의 이야기를 차분히 들어 주어야만 원활한 대화가 이루어집니다.

8번에 ✓ → 기다리지 못하는 태도

  침묵은 생각을 정리하고 말을 고르는 데 필요한 시간입니다. 침묵을 깨뜨려 보려고 억지로 화제를 돌리거나 이런저런 이야기를 늘어놓는 것보다는, 침묵 또한 대화의 일부임을 받아들이는 편이 좋습니다.

(**마치며**)

2019년 7월, 쇼에이샤 출판사에서 《대인 지원 현장에서 써먹는 질문의 기술 편리 수첩》을 출간했습니다. 당시에는 질문의 기술을 다룬 책이 많지 않았던 터라, 예상치 못한 큰 사랑을 받았습니다. 이 책은 원래 의료 및 복지 현장에서의 활용을 염두에 두고 집필한 것입니다. 하지만 뜻밖에도 다양한 분야에서 많은 분이 활용하신다는 사실을 알았고, 그 경험은 이번 책을 쓰게 된 계기가 되었습니다.

이 책은 '질문할 때 조금만 표현을 바꿔도 상대방의 반응이 눈에 띄게 달라진다'는 사실을 ○× 형식으로 소개했습니다. 왜 ×인지, 어떻게 표현을 바꿔야 ○가 되는지 비교를 통해 확인했다면, 남은 것은 실천뿐이죠. **질문의 기술**의 효과를 사회생활은 물론 일상에서도 독자 여러분께서 실감하실 수 있기를 간절히 바랍니다.

부담 없이 읽을 수 있을 뿐 아니라 기억에도 오래 남는 책을 만들고 싶다는 제 바람을, 세련된 디자인으로 뒷받침해 주신 주식회사 소테이아라이의 아라이 다이스케 님과 야기 마유코 님

그리고 매력 넘치는 일러스트로 책에 생동감을 더해 주신 야기 와타루 님께 진심으로 감사드립니다.

    끝으로 풍부한 경험을 바탕으로 한 정확한 조언과 아낌없는 지원을 보내 주신 쇼에이샤의 오자와 리에코 님께도 감사의 말을 전합니다.

2024년 9월 오야 요시코

심플리어 005
다르게 질문했을 뿐인데 회사 생활이 쉬워졌다

1판 1쇄 인쇄 2025년 6월 17일
1판 1쇄 발행 2025년 6월 25일

지은이 오야 요시코
옮긴이 신기중
펴낸이 김영곤
펴낸곳 (주)북이십일 21세기북스

TF팀 팀장 김종민
기획편집 한이슬 **마케팅** 이민재 정성은
편집 신대리라 **디자인** design S
본문 일러스트 야기 와타루
영업팀 한충희 장철용 강경남 황성진 김도연
제작팀 이영민 권경민
해외기획팀 최연순 소은선 홍희정

출판등록 2000년 5월 6일 제406-2003-061호
주소 (10881) 경기도 파주시 회동길 201(문발동)
대표전화 031-955-2100 **팩스** 031-955-2151 **이메일** book21@book21.co.kr

ⓒ 오야 요시코, 2025

ISBN 979-11-7357-351-4 (03320)

(주)북이십일 경계를 허무는 콘텐츠 리더

21세기북스 채널에서 도서 정보와 다양한 영상자료, 이벤트를 만나세요!
페이스북 facebook.com/21cbooks **포스트** post.naver.com/21c_editors
인스타그램 instagram.com/jiinpill21 **홈페이지** www.book21.com
유튜브 youtube.com/book21pub

- 책값은 뒤표지에 있습니다.
- 이 책 내용의 일부 또는 전부를 재사용하려면 반드시 (주)북이십일의 동의를 얻어야 합니다.
- 잘못 만들어진 책은 구입하신 서점에서 교환해드립니다.

의식과 성찰의 프레임이 바뀌는 문해력 프로젝트

기울어진 문해력

읽기 중단의 시대, 맥락을 잃어버린 이들에게 칼날 같은 시선을 찾아줄 책!

오태헌 지음 | 값 19,800원 | 260쪽

인생을 바꾸는 365 데일리 루틴

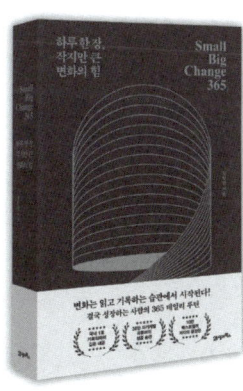

하루 한 장,
작지만 큰 변화의 힘

대한민국 최고 기록학자가 제안하는 작은 습관으로 거대한 변화를 만드는 법

김익한 지음 | 값 28,000원 | 388쪽

깊이 읽는 독해력의 기술을 담은 책

안다는 착각

중학생 이상이라면 반드시 읽어야 할 독해력 필독서

니시바야시 가츠히코 지음 | 값 19,900원 | 218쪽

원치 않는 집중을 끊어내는 몰입 혁명

집중력의 배신

중독의 덫을 빠져나와 몰입의 세계로 나아갈 자기혁명 심리학

한덕현 지음 | 값 17,000원 | 240쪽